Michael O.B. Krähe

# ÜBERGESTERN IN JAPAN

Michael O.B. Krähe

# ÜBERGESTERN IN JAPAN

*Kein Training, kein Talent und etliche Kilos zu viel:
Mein unglaublicher Weg zum japanischen Radsportmeister*

Michael O.B. Krähe:
*Übergestern in Japan*
© Michael O.B. Krähe 2023

ISBN (Print)  978-3-95726-074-1
ISBN (E-Book)  978-3-95726-079-6
1. Auflage – 2023
Covadonga Verlag, Spindelstr. 58, 33604 Bielefeld

Lektorat: Andreas Beune
Coverillustration und Übersichtskarte (Seite 6): © Miauta_Mi
Fotos im Innenteil, außer wenn anders angegeben: Michael O.B. Krähe

Es wurde jede Anstrengung unternommen, die Inhaber aller Bildrechte ausfindig zu machen; sollte dennoch unbeabsichtigt eine Nennung fehlen oder fehlerhaft sein, bitten wir die betreffenden Personen, Kontakt mit uns aufzunehmen, so dass die Angaben in folgenden Ausgaben oder Druckauflagen ergänzt werden können.

Druck & Bindung: Westermann Druck Zwickau GmbH

Alle Rechte vorbehalten. Wiedergabe, auch auszugsweise,
nur mit ausdrücklicher Genehmigung des Verlags.

Bibliografische Information der Deutschen Nationalbibliothek:
Die Deutsche Nationalbibliothek verzeichnet diese Publikation
in der Deutschen Nationalbibliografie; detaillierte bibliografische
Daten sind im Internet über http://dnb.dnb.de abrufbar.

Covadonga ist der Verlag für Radsportliteratur.
Besuchen Sie uns im Internet: *www.covadonga.de*

# Inhalt

Übergestern in Japan .................................................................... 7
Lolita............................................................................................ 12
Den Traum leben ......................................................................... 21
Renndebüt in Saitama ................................................................. 40
Überstunden für Slartibartfast .................................................... 47
Where is the gun, ma? ................................................................ 55
Vulkanausbruch auf Lummerland ............................................... 65
Die elliptische Tretmühle in Hitachi-Naka ................................. 75
Zurück in Gunma ......................................................................... 86
Zurück nach Shuzenji.................................................................. 96
Schräge Horizonte ....................................................................... 106
Drei Mal ist Gunma Recht .......................................................... 120
Radfahren im Kombinat .............................................................. 129
Meisterschaft in Saiko ................................................................. 139
Als Japaner in Bremen ................................................................. 151

Glossar ......................................................................................... 156

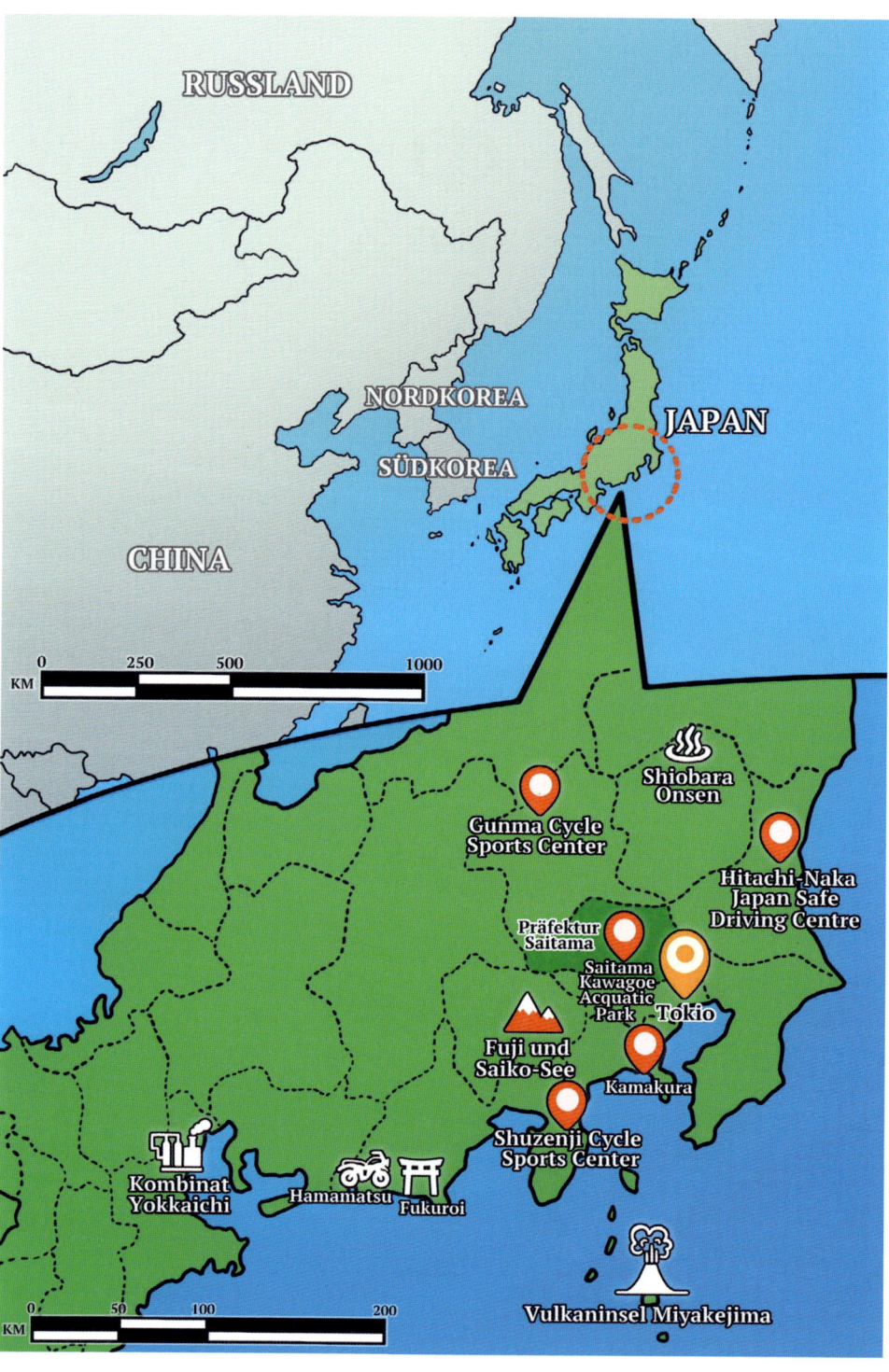

# Übergestern in Japan

September 1979 im Okie Dokie in Neuss: Vor mir spielten Katapult aus Berlin harten Punk, und hinter mir verschafften sich gerade ein paar Rocker gewaltsam Einlass. Barhocker flogen durch die Luft, eine Massenprügelei begann, und ich machte instinktiv das, was harte Punker in diesen Situationen tun: auf die Damentoilette flüchten, schnell raus durch das Fenster auf das Vordach klettern und die Schlägerei mit einer Flasche Bier in der Hand entspannt betrachten. Mein Puls war immer noch auf 190, und ich hatte ziemlich Schiss, dass einige von denen dort unten den Weg nach oben finden würden. Aber ich wusste auch: So sollte mein Leben werden. Adrenalin bis zum Anschlag. Und so kam ich zum Radsport.

Okay, ich gebe zu, dass ist nicht der typische Anfang für ein Radsportbuch. Normalerweise ist Papa auch schon Rad gefahren – das stimmt, aber es war ein Klapprad und er fuhr fast immer mit Hemd und Krawatte. Mit zwei Jahren saß man dann zum ersten Mal auf dem Rad und nahm an Rennen rund um den Sandkasten im Kindergarten teil, um dann mit vier das erste Rennrad zu bekommen. Aber all das war bei mir nicht der Fall. Ich war ein langweiliger Junge aus einer langweiligen Stadt: Mönchengladbach. Ich bekam mein erstes Rennrad mit dreizehn, ein Motobécane.

Radfahren machte mir Spaß, also die 800 Meter von zu Hause zur Schule. Ich war nicht besonders sportlich, spielte Basketball beim Post SV. Die Mannschaft war so gut wie ich sportlich – eben gar nicht. Mein größter Erfolg war ein siebter Platz bei den Schachmeisterschaften meines Gymnasiums in der sechsten Klasse.

Und trotzdem wurde ich 2008 als erster Ausländer japanischer Meister der D-Klasse in der Serie des JCRC. Die Abkürzung JCRC steht für Japan Cycle Recing (ja, wirklich) Club Association, und vierzig Jahre lang hatte der JCRC Rennen in Japan organisiert. Um an den Rennen teilzunehmen, brauchte man keine Lizenz, jeder konnte da mitfahren. Wirklich jeder, sogar Ausländer. Wie um alles auf der Welt hatte ich das geschafft?

1998 ging ich aus beruflichen Gründen nach Japan und blieb dort zwölf Jahre. Beim Arbeiten in Japan ist der Puls entweder auf 190, weil da nun einmal oft Dinge passieren, die man nicht versteht und die einen wahnsinnig aufregen. Oder eben auf 50, weil man gerade mal wieder in einer Besprechung eingeschlafen ist. Zum Ausgleich fuhr ich Rennrad.

Nun war ich kein schneller Radfahrer, und schon gar nicht in Japan. Es war schon schwer genug, dort überhaupt ein Rad zu bekommen. Mein erstes Rad, ein Panasonic-Stahlrahmen, war eine Maßanfertigung, bei meinem zweiten Rad, einem Cannondale R1000, war der Verkäufer so glücklich, überhaupt ein Rad in Rahmengröße 60 in ganz Japan aufgetrieben zu haben, dass er völlig irritiert von meiner Frage war, ob es das auch in einer anderen Farbe gäbe.

»Hey, ich habe das Bernsteinzimmer gefunden, und Sie können das für 1.000 Euro haben.«

»Gibt's das auch in einer anderen Farbe?«

Rahmen hören in Japan bei Größe 54 auf. Darüber wird es schwierig. Panasonic hat mal 1988 ein Werbevideo über einen zwei Meter großen Afrikaner gemacht, der ständig gegen den Türbalken läuft, nicht in die Badewanne passt und dem die Bettdecke einen halben Meter zu kurz ist, aber Panasonic baute das richtige, große Rad für ihn. So ähnlich war das auch bei mir.

Zudem ist Japan geografisch ja ähnlich wie Lummerland: eine Insel mit zwei Bergen und dem tiefen weiten Meer. Mit viel Tunnels und Geleisen und dem Eisenbahnverkehr. Die Radrennen verlaufen dementsprechend auf sehr hügeligen Strecken, und es ist von Vorteil, wenn man da klein und leicht ist. Meine Konkurrenz wog im Mittel etwa halb so viel wie ich, was sich als ganz entscheidender Nachteil herausstellen sollte – berghoch waren die doppelt so schnell. Und sprinten konnten sie auch schneller, weil sie keine Masse beschleunigen mussten und so viel Windwiderstand hatten wie eine Stecknadel.

Kurzum, ich war nicht sehr sportlich, ziemlich schwer und hatte wenig Rennerfahrung. Auf der anderen Seite hatte ich aber etwas, was Japaner so absolut gar nicht haben: Zeit.

*Ein wenig Rennerfahrung hatte ich schon. Bei meiner ersten Teilnahme 2005 in Ashigahara fuhr ich überwiegend allein hinter dem Feld, unter den kritischen Augen der anwesenden Landbevölkerung.*

Und das kam so: Nachdem ich mich jahrelang zu viel aufgeregt hatte oder zu oft eingepennt war, verlor ich konsequenterweise 2008 meinen Job und musste mich nach anderen Aktivitäten umsehen, die meinen Adrenalinspiegel wieder auf ein angemessen hohes Niveau bringen würden. In der

Zwischenzeit besaß ich ein sehr schickes Rennrad, ein Cervélo Soloist, war fast jedes Wochenende in den Bergen westlich von Tokio unterwegs und hatte auch schon an ein paar JCRC-Rennen teilgenommen. In dem sehr komplizierten Klassensystem des JCRC war ich dadurch von X wie Anfänger in die D-Klasse aufgestiegen. Man steigt da jeweils eine Klasse bzw. einen Buchstaben auf, indem man unter die ersten sechs bei einem Rennen kommt. Wenn man in der Klasse X anfängt, kommt man nach dem ersten guten Ergebnis allerdings nicht in die W-Klasse, wie man jetzt denken könnte. Es sei denn durch eine Geschlechtsumwandlung, denn W ist die Frauenklasse (Women). Stattdessen geht es dann nach X weiter mit F (also forwärts). Ich weiß nicht warum, aber ich kam gleich in die E-Klasse (Error), und dann war ich einmal mit viel Glück unter den ersten sechs in einem Rennen. Das ist wie gesagt die Bedingung, um in die nächsthöhere Klasse aufzusteigen, und so fand ich mich in der D-Klasse (da!) wieder. Über der D-Klasse kommen dann wie erwartet C, B und A und dann, festhalten, folgt die »SA«-Klasse, und schließlich die höchste Klasse, die »SS«. Japan eben.

2008 veranstaltete der JCRC zwölf Rennen, ich hatte mir die Teilnahmebedingungen mühsam komplett auf Japanisch durchgelesen. So wusste ich, dass ich gegen jede Logik eine Chance hatte, Meister zu werden.

Wenn ich alle Rennen mit- und zu Ende fahren würde, könnte ich es in der D-Klasse schaffen. Das war möglich, weil für die Teilnahme an einem Rennen, vorausgesetzt man fuhr es zu Ende, 60 Punkte vergeben wurden, für die Platzierung aber nur maximal 30 weitere Punkte. Bedeutet: Der Erste bekommt 90 Punkte, der Zweite 85, bis der Zwanzigste noch 61 Punkte erhält, und alle anderen Teilnehmer werden mit 60 Punkten belohnt.

Das Ganze wurde aber dadurch komplizierter, dass ich auf keinen Fall in einem Rennen unter die ersten sechs kommen durfte. Denn dann hätte ich ab dem nächsten Rennen in der C-Klasse starten müssen, und da wäre ich komplett chancenlos gewesen.

Im Job musste ich mich auch nicht mehr anstrengen, ich war zwar noch angestellt und dass ich gehen würde, war noch nicht bekanntgemacht worden, aber keiner erwartete Wunderdinge von mir. Also machte ich mich auf den Weg.

Dies ist die Geschichte, wie ich es (Spoiler Alert!) schaffte, als unerfahrener, unsportlicher, schwerer Radfahrer japanischer Meister zu werden. In der D-Klasse des JCRC. Alles an dieser Geschichte ist komplett wahr. Bis auf die Dinge, die ich mir komplett ausgedacht habe.

Es ist aber auch die Geschichte, wie es ist, als Ausländer in Japan zu leben, in diesem sonderbaren Land, das einen so glücklich und unglücklich machen kann. Ein Beispiel?

Wir hatten einmal im Büro Besuch aus dem Schweizer Hauptquartier, und ich fragte den Manager, was er gerne trinken würde. Normale und höfliche Menschen sagen dann »ein Glas Wasser« oder »egal, was immer Sie haben« oder »Kaffee« oder »Tee« gefolgt von einem »bitte«, aber der hier war eben nicht normal, sondern irgendein wichtiger Chef-Typ. Der meinte dann nur: »Bringen Sie mir ein Glas Grapefruchtsaft.«

Also ging ich raus zu meinen Leuten und sagte zu Herrn Kamoshita: »Herr Kamoshita, es tut mir wahnsinnig leid, aber unser Gast aus der Schweiz würde sehr gerne Grapefruchtsaft trinken. Würde es Ihnen etwas ausmachen, kurz runter zum Supermarkt zu gehen und eine Literpackung zu kaufen?«

»Kein Problem, Chef.«

Ich ging zurück in die Besprechung, und nach einer Weile kam auch Herr Kamoshita zurück mit einer Literpackung Orangensaft.

»Tut mir leid, es gab keine Literpackung Grapefruchtsaft, da habe ich eine Literpackung Orangensaft gekauft, ich hoffe, das ist okay.«

Unser Gast war auch zufrieden, und wir setzten die Besprechung fort. Weil ich das mit dem Saft aber irgendwie komisch fand, ging ich runter in den Supermarkt und schaute selbst nach. Und richtig, es gab dort keine Literpackung Grapefruchtsaft. Halbe Liter aber jede Menge.

Das, erklärt in wenigen Worten, ist Japan.

# Lolita

*Hinweis: In diesem Teil kommt das Thema Radsport gar nicht vor und wird nur ab und an des schlechten Gewissens wegen erwähnt. Lolita taucht übrigens auch nicht auf.*

1979, als ich schwitzend vor Angst im Okie Dokie stand, hätte ich nie gedacht, dass ich einen großen Teil meines Lebens in Japan verbringen würde. Klar, in diesem Moment dachte ich sowieso nur daran, wie ich verhindern könnte, auf die Fresse zu bekommen, und wollte möglichst schnell verschwinden. Aber auch ansonsten machte ich mir Punk-no-future-mäßig wenig Gedanken um meine Zukunft. Warum auch, ich spielte in einer Band aus Mönchengladbach, EA80, brachte ein Fanzine raus, *Das Mob*, und machte Abitur. Abitur halt. Ach ja, und ich fuhr ab und an Rad.

Mit Japan hatte ich nichts zu tun, auch später als ich von Mönchengladbach in die Glitzer- und Japanermetropole Düsseldorf umzog. Dort stellte sich das erträumte adrenalinhaltige Punkleben als eine doch eher dröge Mischung aus Altbier, aufgesetzter Coolness und schlechter Musik heraus. Noch schlimmer wurde es dann, als ich ein paar Jahre später nach Aachen zog, um mein Ingenieurstudium zu beginnen. Heute präsentiert sich Aachen, als wenn es das Silicon Valley Deutschlands wäre, aber in den Achtzigern gab es da weder Japaner noch Frauen.

Letzteres war ein Problem, Ersteres überhaupt nicht. Ich war 30 Jahre später noch mal in der Stadt, um meine damalige Nachbarin Evelyn zu besuchen. Nachts spazierten wir durch den Park auf den Lousberg hoch und setzten uns oben auf eine Bank mit Blick über die Stadt. Wir hatten ein paar Flaschen Bier dabei, ich rauchte eine Zigarette, und es war sehr romantisch. Eine Bank weiter saßen zwei Männer, und ich dachte: »Okay?«, bis ich Gesprächsfetzen auffing, die etwa so klangen:

»Bei der letzten Übung in Thermodynamik habe ich nicht verstanden, warum die Konvergenz idealer Gase ... Bernoulli-Hypothese zur Biegung langer gerader Balken ... usw. ... gähn...«

Ja, so ist Aachen. Meine Ingenieursfreunde hörten keine Musik, fuhren kein Rad und waren völlig humorlos. Als ich mit dreien von denen nach einer Vorlesung Richtung Stadt ging und gerade einen, wie ich fand, extrem lustigen Witz erzählte, spielte sich Folgendes ab:

Ich: »... und dann sagte der Arzt zu der Frau: ...«

Ingenieursfreund: »So, macht's gut, ich geh' noch in die Mensa, wir sehen uns dann später bei Massivbau.«

Meine Freunde hatten auch keine Bücher; wenn ich denen eins zum Geburtstag schenkte, dann hieß es: »Ein Buch? Aber ich habe doch schon eins. Da brauche ich ja bald ein Regal, haha haha.«

Das ist übertrieben, genauer gesagt hatten sie drei Bücher: das *Taschenbuch der Mathematik* von Bronstein & Semendjajew (die Louis-Vuitton-Tasche des Ingenieurs) und zwei *Werner*-Comics. Das war gut für mich, weil ich schreiben konnte und in Gruppenarbeiten immer die angenehme Aufgabe hatte, die Ergänzungsberichte anzufertigen. An dem Wort »Ergänzung« merkt man schon, wie wichtig Text dem Ingenieur im Gegensatz zu Tabellen, Grafiken und Formeln ist – nämlich gar nicht. Die klassische Diplomarbeit in Aachen fing an mit: »Wie in Abbildung 1.1.1.1.1 erkennbar ist...« und endete mit der Tabelle 27.23.8.13.3.

Ich hingegen verfasste elaborierte Texte, die von divergierenden Klothoiden in der Unendlichkeit des Tannhäuser Tores berichteten, und kam mir vor wie Rutger Hauer in *Blade Runner*. Diese Berichte dienten vor allem dazu, unseren Arbeiten das nötige Volumen zu verpassen, gelesen wurden sie eher selten. Ich war einmal bei einem Assistenten im Fach Abwasserreinigung in der Sprechstunde und hatte noch ein paar Fragen zu meinem Exkursionsbericht, als ein anderer Student reinkam und seinen Bericht abgab. Der Assistent meinte dann, er solle ihn in den Eingangskorb legen und könne ihn dann in zwei, drei Wochen abholen. Während er mit mir weitersprach, nahm er den Bericht, stempelte »Bestanden« vorne drauf und legte ihn in den Ausgangskorb.

Das sind die Momente, in denen einem das ganze menschliche Dasein und Tun sinnlos vorkommt.

Jedenfalls war ich nun zu Unrecht sehr selbstbewusst, was meine literarischen Fähigkeiten anging, und als ich im Frühjahr 1985 eine Anzeige der Japan Foundation im *Spiegel* sah, die zu einem Aufsatzwettbewerb über Japan einlud, war ich sofort Feuer und Flamme. Es gab einen zweiwöchigen Aufenthalt zu gewinnen, und dazu musste man nur einen Text zum Thema »Mein Bild von Japan« verfassen. Wenn meine Freunde mich fragten, wo ich im Sommer den Urlaub verbringen würde, sagte ich nur kurz und lässig: »Japan. Bin eingeladen.«

Zum Glück war ich nicht größenwahnsinnig und ließ meinen Aufsatz von Christian Bieniek durchlesen. Christian war ein begnadeter Musiker, ein genialer Schreiber, leicht exzentrisch und später Kinderbuchautor. Vor allem aber war er der witzigste Mensch, den ich je in meinem Leben kennengelernt hatte – bis auf das schwarzhaarige Mädchen, das bei Woolworth an der Kasse am Hinterausgang arbeitete. Christian fand meinen schnell geschriebenen und ganz schlecht recherchierten Text über das Image von Japanern in Deutschland zu Recht fürchterlich und versuchte zu retten, was es zu retten gab.

Aber auch so war das Ergebnis immer noch ein furchtbares Machwerk aus Vorurteilen, Plattitüden, Halbwahrheiten und Witzeleien. So hieß es zum Beispiel in meinem Bericht, dass Japaner in der internationalen Musikszene immer präsenter werden. Man denkt vielleicht an Yoko Ono oder Ryuichi Sakamoto vom Yellow Magic Orchestra, aber ich dachte an Zeke Manyika, den Schlagzeuger des britischen One-Hit-Wonders Orange Juice. Da der Name in meinen Ohren japanisch klang, erwähnte ich ihn. Wenn ich vorher jedoch einen Blick auf die Rückseite der LP von Orange Juice geworfen hätte, wäre mir klar gewesen, dass Zeke Manyika aus Simbabwe und nicht aus Japan stammt.

Das war aber egal, denn in der Japan Foundation saßen viele Menschen des Typs »Assistent im Fachbereich Abwasserreinigung«. Heute glaube ich, dass da noch nie ein Ingenieur einen Aufsatz eingereicht hatte und ich alleine aus diesem Grund ausgewählt wurde. Ja, genau, denn eines Tages bekam ich von der japanischen Botschaft einen netten Anruf. Ich weiß nicht, ob das der glücklichste Moment meines Lebens war, aber es war mit Abstand der glücklichste Moment meines Lebens in Aachen. Was wäre aus mir geworden, wenn ich damals nicht nach Tokio gegangen wäre? Vermutlich hätte ich in Aachen promoviert und meine Doktorarbeit über die symbiotische Verbindung von Hochlochziegeln und Mörtelfugen geschrieben, ein irrsinnig spannendes Thema, das circa 36 Menschen in der Welt interessiert und mit dem man garantiert keine Frauen erobert, schon gar nicht in Aachen. Stattdessen unterhalte ich mich in meinem heutigen Leben über den Unterschied zwischen der Bremsleistung einer Shimano Dura Ace BR-7403 (meine Lieblingsbremse!) und einer Shimano Dura Ace BR-9100, ein Thema, das garantiert mehr als 37 Menschen auf dieser Welt interessiert, bei Frauen allerdings gleichsam wenig beliebt ist.

In meinem Leben war ich erst einmal geflogen – von Düsseldorf nach Zürich –, und jetzt saß ich in der Business-Class einer 747 von Japan Airlines und machte mich auf den 23-stündigen Weg über Alaska nach Tokio. 1985 gab es noch die UdSSR und die erlaubte es nicht, über ihren Luftraum zu fliegen, das hatte die Führung noch 1983 sehr klargemacht, als sie eine koreanische Passagiermaschine abschießen ließ. Cool, nach dem Flug konnte ich dann behaupten, bereits in Asien, Europa und Amerika gewesen zu sein.

Nicht nur Menschen aus Mönchengladbach dürften die Erfahrung machen: Tokio ist anders. Und irgendwie, ehrlich gesagt, auch besser – sorry, Gladbach. Tokio ist auch anders als Düsseldorf (mehr Glitzer) und Aachen (mehr Frauen). Wir wurden wie Rockstars begrüßt und bekamen im Außenministerium dicke Briefumschläge mit vielen druckfrischen 10.000-Yen-Scheinen (etwa 100 Euro), damit wir auch richtig Spaß in der Stadt haben konnten, denn billig war es da leider nicht. Und dann machte ich dort Dinge, von denen ich in Aachen nur träumen konnte! Ich fuhr mit 300 Sachen im Superschnellzug nach Kyoto, pinkelte in Pissoirs auf goldfarbene Eiswürfel, sprach mit gut aussehenden Frauen und tanzte in Discos, von denen zehn in einem Hochhaus übereinandergestapelt waren. Das war definitiv noch besser als das Okie Dokie! Ich badete in heißen Quellen im Schnee, und von hinten schauten mir dabei Affen zu und zeigten ihre roten Ärsche. Ich fuhr im Bus über die aufgeständerte Stadtautobahn Tokios und blickte direkt in erleuchtete Büros, Restaurants und Wohnungen, die nur wenige Meter weg waren. Ich trank viel Alkohol, aß eine Menge Dinge, von denen ich nicht exakt wusste, was sie waren, und fuhr überhaupt kein Rad.

In den folgenden Jahren versuchte ich dann, die Voraussetzungen zu schaffen, dort wieder hinzukommen. Spaßeshalber fing ich an, Japanisch zu lernen, und lernte meinen ersten japanischen Freund, Morikawa Koichi, kennen, den ich spaßeshalber »Zeke« nannte. Nach drei Jahren konnte ich immer noch kein Japanisch, hatte aber so ziemlich jedes mögliche leckere japanische Gericht bei ihm zu Hause gegessen.

Und dann musste ich auch noch das Studium zu Ende bringen, und das dauerte schließlich noch mal fast fünf lange und langweilige Jahre. Am Ende verfasste ich meine Diplomarbeit zum Thema »Optimierung einer Vorrichtung zur Prüfung der Zugfestigkeit von Mörtelprismen mittels der FE-Methode«, und währenddessen verlor ich die wenigen Kontakte, die ich nach Japan hatte. Ich hatte das Gefühl, in die falsche Richtung zu driften – als ob mein Leben unter einer Unmenge von Hochlochziegeln begraben wird. Kurz vor Studienende bewarb ich mich für ein Stipendium des Deutschen Akademischen Austauschdienstes für zwei Jahre in Japan: ein Jahr an einer Sprachschule in Tokio und ein weiteres Jahr als Praktikant in einem Unternehmen; gut dotiert. Ich will nicht als gierig erscheinen, aber ohne Geld macht Tokio echt keinen Spaß: kein Superschnellzug, keine Pissoirs mit goldgefärbten Eiswürfeln, keine heißen Quellen und keine roten Affenärsche.

Wie sagt man so langweilig: Das Schicksal war mir wieder gnädig. Meine Bewerbung fand Anklang, und irgendwie konnte ich die Menschen dort davon überzeugen, mich nach Tokio zu lassen. Und so saß ich im September 1990 erneut in einer Boeing 747 von der Lufthansa, auf dem direkten Weg über Russland nach Tokio. Der Kalte Krieg war vorbei.

In den zwei Jahren in Tokio lernte ich ordentlich Japanisch und hatte jede Menge Spaß, auch wenn ich zusammen mit meinem Freund Jürgen in einer ziemlichen Bruchbude am Rande der Stadt wohnte. Wir hatten keine Klimaanlage, im Sommer konnten wir uns deshalb tagsüber nicht zu Hause aufhalten, und im Winter hatten wir tragbare Gasöfen mit Schläuchen, die wir von einem Zimmer mit in das andere nahmen und dort an den Gashahn anschlossen.

*In Tokio gab es immer etwas Interessantes zu entdecken: das Haus einer Familie, die sich einen Rennwagen leistet, aber keine Garage dafür besitzt. Japan eben.*

Meine Vorstellung von dem Hochtechnologieland Japan bekam die ersten Risse. Wir sehen die USA und denken: Wow, die sind auf den Mond geflogen und haben Apple, Google, Flugzeugträger und Hamburger so hoch wie das World Trade Center, da ist dann auch alles andere tippitoppi.

Nein, ist es aber nicht, in einem Hotel in Amerika waren die Lichtschalter aus dem Mittelalter und die Fenster derart undicht, dass man auch gleich die Fensteröffnung mit einer Plastikplane hätte abdichten können. Und auch viele andere Dinge dort sind ja echt gruselig. Oder Nordkorea. Die können Atomraketen bauen, aber bringen es nicht auf die Kette, ihre Bevölkerung zu ernähren. Solche Widersprüche kann man in fast allen Ländern der Welt erleben – auch in Deutschland.

In der 1990er-Version Japans gab es bereits neben superpünktlichen Superschnellzügen, Gameboys, elektronischen Lexika, Kaffee in Dosen und kleinen Faxgeräten eben auch Waschmaschinen, die nur mit kaltem Wasser wuschen, Toiletten, die aus wenig mehr als einem Loch im Boden bestanden, und vor allem viel Papier und noch mehr rote Stempel, mit denen alles zwei-, drei- und vierfach genehmigt werden musste.

Rein zufällig spazierte ich in eine Ausstellung von Panasonic – die produzierten alles vom Walkman bis zum Kühlschrank – und erblickte ein Panasonic-Stahlrennrad mit der brandneuen Shimano-Dura-Ace-7400-Schaltung. Zum ersten Mal waren Schaltung und Bremsen in einem Hebel zusammen integriert, irrsinnig revolutionär – und dann auch noch mit 2 x 8 Gängen! (Das ist mehr als 30 Jahre später immer noch so, es gibt halt nur mehr Gänge.) Ich machte mich dann auf die Suche nach einem Fahrrad und fuhr deshalb mit Jürgen raus zur amerikanischen Airbase nach Yokota, weil Jürgen gehört hatte, dass es dort günstige Räder in unserer Größe geben sollte. Das war nicht so und kostete uns beiden einen Tag unseres Lebens.

Jürgen schlug trotzdem zu und kaufte sich ein »Shogun«-Rad. Das war damals schon scheiße und ist auch unter nostalgischen heutigen Maßstäben einfach nur Schrott. Ich konnte mich nicht entscheiden und fuhr mit der Bahn ein paar Tage später zu einem kleinen Radhändler, den ich über den *Lonely Planet*-Reiseführer gefunden hatte.

Der Laden war eine winzige, dunkle Höhle, und es roch nach Rad und Öl. Der Mann dort hatte Ahnung und bestellte für mich bei Panasonic ein blaues Rennrad. Nach dem Afrikaner aus dem Werbespot war ich vermutlich der zweitgrößte Kunde jemals bei Panasonic. Das Ganze gestaltete sich so, dass er mich eine Menge Dinge fragte, die ich leidlich verstand, er sich eifrig Notizen machte und dann ein Fax zu Panasonic schickte – kurz darauf kam auch schon eine Antwort. Das Rad war bestellt, und ein paar Wochen später sollte ich es abholen. Das komplette Zusammenbauen fand in dem Radladen statt, Panasonic lieferte nur den Rahmen und die Komponenten, alles andere musste der Radhändler machen, einschließlich des Einspeichens der Laufräder.

Für den Preis von umgerechnet 500 Euro bekam ich einen riesigen dunkelblauen Stahlrahmen mit einer kompletten Sieben-Gang-Shimano-600-Trikolore-Ausstattung. Die Kettenblätter waren ovale Biopace, was heute alle bescheuert finden und damals wie heute total egal ist. Alles in allem war das ein Rad, für das man sich nicht schämen musste.

Nach dem Kauf musste ich auf dem Rad nach Hause fahren und hatte keine Ahnung, wie. Ich versuchte, mich irgendwie durchzuschlagen, brauchte Stunden und verfuhr mich, bis ich keine Ahnung mehr hatte, wo ich war. Ich sprach in meiner Verzweiflung auf Englisch eine Frau an und fand heraus, dass meine Wohnung nur 200 Meter entfernt war.

Tokio ist riesig, und wenn man nur S- und U-Bahnen benutzt, bekommt man kein Gefühl für die Stadt. Und selbst wenn man dann weiß, wie man mit dem Rad entlang der großen Straßen von A nach B kommt, ist man rettungslos verloren, sobald man in eine der kleinen Seitenstraßen abbiegt. Auf einmal ist man weg von der großen Stadt in einem Dorf.

Aus Erfahrung klug geworden, kaufte ich mir einen Straßenatlas und radelte durch die nähere Umgebung. Eines der ersten Teile, die ich mir für das Rad kaufte, war ein digitaler Tacho von Cateye. Mit Rad, Tacho und Atlas machte ich mich dann auf den Weg, Tokio zu erkunden. Das geht, wenn man etwa 200 Jahre Zeit hat, aber auch später nach all den Jahren kannte ich immer nur wenige Strecken durch die Stadt.

Mutiger geworden, machte ich mich dann auf die ersten Touren raus aus Tokio. Ich fuhr mit meinem Freund Tobias durch endlose Siedlungs- und Industrielandschaften an die Küste bei Kamakura. Wir hatten zwar einen Straßenatlas dabei, verfuhren uns aber ständig. Japaner zu fragen, war sinnlos, es war, als hätten sie noch nie in ihrem Leben eine Straßenkarte gesehen, und sie konnten damit nichts anfangen. Japaner können das aber nicht zugeben, bzw. sie zeigen das auf eine Art und Weise, die andere Japaner verstehen – wir aber nicht. Diese Art und Weise besteht aus einem langen Betrachten der Karte, wiederholtem Drehen, Murmeln von »*Sooo desuu neee*«, Zupfen am rechten Ohrläppchen und dem plötzlichen und scharfen Einsaugen sämtlichen verfügbaren Sauerstoffes in der unmittelbaren Umgebung. Ein normaler Japaner weiß dann sofort: »Eh, der Honk hat ja gar keinen Schimmer!«, aber wir dachten einfach, na, der guckt ja, spricht, hört und lebt noch, also irgendwann wird der schon mit was Vernünftigem rauskommen. Das kostete uns wieder einen halben Tag unseres Lebens.

Da ich zum ersten Mal mit Hakenpedalen fuhr, kippte ich auch zum ersten Mal beim Anhalten an einer Ampel mit dem Rad um. Am späten Nachmittag kamen wir in Kamakura an, blieben etwa 15 Minuten am Strand und machten uns schleunigst auf den Weg zurück, um noch vor Mitternacht zu Hause zu sein. Jahre später schaffte ich diese Strecke in sechs Stunden locker hin und zurück, aber beim ersten Mal war es eben auch am aufregendsten.

In der Woche fuhr ich nachts über eine fette Straße, die Inokashira-Dori, raus zu meiner Fast-Freundin Barbara an die International Christian University im Westen der Stadt. Das klingt nah, waren aber auch fast 20 Kilometer. Zwar gab es in Tokio mehr Japaner als in Aachen, aber in puncto Frauen gab es für mich persönlich nicht so viel Unterschied. Nachts die Inokashira-Dori runterzubrettern, war aber fantastisch. Es war warm, dunkel und schnell, also eigentlich wie im Okie Dokie.

Dann, im Sommer 1992, lief mein Stipendium aus, das Geld ging zu Ende, und ich musste wieder zurück nach Deutschland und – noch schlimmer – anfangen, richtig zu arbeiten und Geld zu verdienen.

# Den Traum leben

Ich hatte in Japan meine Frau kennengelernt, wir heirateten und zogen für kurze Zeit zurück in die Glitzermetropole Düsseldorf, wo ich einen Job bei Hochtief in Essen in der Auslandsabteilung annahm. In der Folgezeit war ich viel in Asien unterwegs und versuchte, meine Karriere und Familie in Schwung zu bringen, das ging dann leider nur auf Kosten von Rad, Sport und Fitness. Und auf Kosten der Familie.

Mein Panasonic-Rennrad fand den Weg nach Deutschland, und ich fuhr an den Wochenenden gerne von Düsseldorf nach Essen an die Ruhr und von da aus durch das Bergische Land nach Langenberg und Grafenberg. Ich war nicht ambitioniert, aber auch keine Schnecke; Berge fahren konnte ich überhaupt nicht, aber ich hatte Spaß daran.

1994 wurde ich dann für zwei Jahre auf eine Staudammbaustelle am Gelben Fluss nach China versetzt. Bei der Baustelle handelte es sich nicht um den Dreischluchtenstaudamm, den man in Deutschland vielleicht noch kennt, sondern um einen fast ebenso hohen, aber dummerweise total in der chinesischen Pampa liegenden Felsschüttdamm. Bei Staudämmen denken ja viele an elegant geschwungene, massive Betonmauern, ein Felsschüttdamm ist das leider gar nicht, das ist einfach nur ein Haufen größeren Drecks, um den das Wasser einen Bogen macht.

China 1994 ist nicht China heute – und schon gar nicht da, wo ich mich aufhielt. Okay, die nächste Stadt war Luoyang mit etwa sechs Millionen Einwohnern – aber ehrlich gesagt hatte Mönchengladbach in jeglicher Hinsicht mehr zu bieten. Es gab wenig zu kaufen und wenn, dann war es

Schrott wie die billigen Fernseherkopien von »Tony« oder »International Panasonic«, die Taschentücher von »Tempi« oder, das war noch am besten, das Parfüm von »Oil of Olaf«. Ich kaufte mir das teuerste Rad in der Stadt: ein chinesisches MTB mit einer Suntour-Schaltung. Direkt bei meiner ersten Fahrt hatte ich das Pedal aus der Kurbel rausgetreten – das war echt schlimmer Schrott. In der Werkstatt der Baustelle wurde das noch mal geschweißt, aber es half nichts, das Teil war nach einem Tag hinüber. Ich hätte mir besser doch so ein stabiles Kommunistenrad wie »Roter Ostwind« oder »Taube des Sozialismus« holen sollen.

Alles in allem war ich froh, da wegzukommen, und noch froher, dann in Kuala Lumpur/Malaysia arbeiten zu können, wo mein Sohn Henri geboren wurde. Malaysia ist ein tolles Land, um dort zu leben und zu arbeiten, Urlaub würde ich da jedoch nie machen wollen: kein Radfahrparadies, nichts zu entdecken und durchgehend schweineheiß. Das Wetter war jeden Tag gleich, heiß und sonnig am Morgen, noch heißer und schwüler mittags, dann wieder sonnig, schwül und heiß gefolgt von Gewitter und massig Regen am Spätnachmittag.

Ich wäre gerne noch länger geblieben, aber unser Projekt war nicht erfolgreich und ich musste zurück nach Düsseldorf. Kaum dort, wollte mein Arbeitgeber mich für die nächsten Jahre in den Libanon schicken. Also suchte ich mir einen Job in Japan und kündigte.

Ich hatte mal wieder Glück: Schindler Aufzüge hatten eine schlecht gehende Tochterfirma in der japanischen Provinz und suchten jemanden, der den Laden auf Vordermann brachte. Warum sie da auf mich kamen, ist mir auch heute noch ein Rätsel, aber nach meinen Erfahrungen beim japanischen Außenministerium, dem DAAD und nun Schindler hatte die Sache System. Ich nahm den Job dankbar an, und im April 1998 flog ich nach Japan, um meinen Einsatz in Fukuroi in der Präfektur Shizuoka anzutreten. Dort begann meine bizarre Liebesaffäre mit Japan und dem Rad.

Selbst wenn es nicht die glücklichste Zeit meines Lebens war, war es erstens besser als China, zweitens besser als Aachen und drittens viel besser als Mönchengladbach.

Ich hatte immer noch mein Panasonic-Stahlrad und fuhr damit an den Wochenenden einmal um ein großes Binnenmeer, den Hamanakako in der Nähe von meiner neuen Heimat Hamamatsu. Hamamatsu ist für japanische Verhältnisse eine mittelgroße Stadt mit 800.000 Einwohnern und bekannt für drei Dinge: essbare Salzwasseraale, *Unagi-Pai*, eine Süßigkeit aus Salzwasseraal, die tatsächlich auch gegessen wird, und Yamaha. Die riesige Yamaha-Fabrik liegt mitten in der Stadt und spuckt Pianos und Motorräder aus.

Wie es überhaupt um Hamamatsu herum sehr viele Fabriken gibt, die Motorräder, Waschmaschinen und andere nützliche Dinge produzieren und daher viele Arbeiter brauchen. Die japanische Bevölkerung veraltet sehr flott, doch dem Thema »Gastarbeiter« steht man in Japan eher skeptisch gegenüber. Aber wenn eine japanische Familie in den Zeiten der Depression zwischen den Weltkriegen nach Brasilien auswanderte, dann können deren Nachfahren ohne größere Probleme nach Japan kommen, um dort zu arbeiten. In Hamamatsu hatte sich daher eine große brasilianische Gemeinde gebildet, deren Mitglieder mehr oder weniger japanisch aussehen, Jose Tanaka, Pablo Kuraoka oder Alfredo Ohmachi heißen und prima Portugiesisch sprechen. Und so wurde auch ich in Hamamatsu immer wieder für einen Brasilianer gehalten. Das ist leider eher negativ gemeint. Wird man als Amerikaner eingeschätzt oder noch besser als Deutscher, sind die meisten Menschen erst einmal freundlich, und nach dem dritten Bier heißt es: »Das nächste Mal wieder zusammen, aber dann ohne die Italiener.« Als Brasilianer kommt man noch nicht einmal bis zum ersten Bier.

Ich musste zum Beispiel meinen deutschen Führerschein auf einen japanischen umschreiben lassen, das ist ein rein bürokratischer Akt für Deutsche; Brasilianer müssen dafür eine extra Fahrprüfung ablegen. Im Rathaus wurde ich in einen eigenen Raum gebeten, um die Fahrerlaubnis zu erhalten, damit »meine brasilianischen Freunde das nicht sehen«, denen ich auf keinen Fall sagen sollte, dass ich den Führerschein so bekommen habe. Was ja nur möglich war, weil »Japan und Deutschland Länder auf etwa dem gleichen Level sind«.

Unter diesen Umständen ist es natürlich eher schwierig, Freunde zu finden. Und so fuhr ich meistens auf dem Rad alleine durch die Gegend. Langsam wagte ich mich Richtung Norden, weg von der Küste in die Berge. Ich war ein echt mieser Bergfahrer, aber ich liebte es, über die einsamen Straßen durch die Wälder zu fahren. Wir hatten eine deutsche Hippie-Freundin, die mit einem Japaner und ihren beiden Kindern in einem Bauernhof abgelegen in den Bergen lebte. Die Straße dorthin war so steil,

*Räder dürfen in japanischen Zügen nicht unverpackt transportiert werden. Dafür gibt es spezielle Taschen. Es geht aber auch mit Mülltüten und Panzertape.*

dass ich sie mit meiner Heldenkurbel nicht hochfahren konnte. Runter mit Felgenbremsen ging es auch nicht wirklich.

Weil ich ja unbedingt Karriere machen musste, wurde ich im Jahr 2000 in das Hauptbüro von Schindler nach Tokio versetzt. Ich liebe Tokio mit all seinen großen und kleinen Straßen und obskuren Besonderheiten. Aber es ist auch verdammt groß, und alles dauert. In Hamamatsu konnte man sehr wenig machen, aber das, was man machen konnte, war sehr einfach. Raus an den Sandstrand? Zehn Minuten mit dem Auto. Mit dem Kind in den Park? Kein Problem, direkt um die Ecke. Radfahren? Nach 30 Minuten schon in den Bergen. Tokio hingegen hat so viel mehr tolle Orte, so gute Restaurants und im Westen so tolle Straßen durch die Berge. Aber um dorthin zu kommen, musste ich Stunden mit der S-Bahn fahren, drei Mal umsteigen und in der schwitzenden Masse ausharren. Und Räder können in der Bahn nur verpackt mitgenommen werden. Tokio kostet so viel Energie und Zeit.

Von unserer Wohnung aus war ich aber mit dem Rad schnell am Tamagawa. Das ist einer der drei großen Flüsse, die durch Tokio fließen. Der Tamagawa entspringt westlich von Tokio in den Bergen, und man kann mehr oder minder an beiden Ufern überwiegend auf Fahrradwegen etwa 80 Kilometer weit bis zu einem Stausee, dem Okutamako, fahren. Das probierte ich in der ersten Zeit sehr oft, weil es die einfachste Art und Weise war, aus der Stadt herauszukommen. »Fahrradweg« klingt jetzt erst mal gut, aber *alle* Japaner versuchen *immer*, aus Tokio herauszukommen, und deswegen ist es da extrem voll. Da wird gepicknickt, Baseball gespielt, gesoffen – und du versuchst, dich da mit dem Rad irgendwie durchzumogeln. Wenn man Bremen kennt, könnte man sagen, das ist etwa so wie 80 Kilometer Osterdeich bei einem Werder-Heimspiel. Langsam kämpfte ich mich in die Berge vor und war mächtig stolz, als ich irgendwann einmal den Stausee erreichte. Ich fühlte mich wie Eddy Merckx, und dann lernte ich auch die ersten anderen Radfahrer kennen, allen voran Juliane.

Juliane war im gleichen DAAD-Stipendium wie ich gewesen, allerdings ein paar Jahre später und anschließend in Tokio geblieben. Sie kam aus der DDR, war dort eine gute 400-Meter-Läuferin gewesen; ihr Vater war

*Mit der Zeit machte ich immer längere Touren aus Tokio in die umliegenden Berge. Nach weniger als 80 Kilometern ging es bereits in verwunschene Täler.*

Kommandant einer Panzerfahrschule der NVA, und Juliane hatte auch manchmal so etwas an ihr. Aber wenn ich ihre langen, schlanken Beine sah, dann war ich hin und weg und dachte an menschgewordene Gazellen. Also diese schnellen, grazilen Tiere, nicht diese langsamen, unförmigen Kisten aus Holland.

Julianes Beine waren so schön, dass ich einmal, leicht betrunken, auf die Idee kam, mir die Beine zu rasieren in der unsinnigen Hoffnung, dass sie dann so aussehen würden wie die Beine von Juliane. Leider verfehlte ich das Ziel, ich hatte halt so dicke, weiße Stempel wie unter den Konferenztischen von Putin und anschließend ein paar Schnittwunden.

Juliane hatte sich einer japanischen Trainingsgruppe angeschlossen, den »Tamagawa Cyclists, und ich durfte auch mal mitfahren. Im Gegensatz zu deutschen Radgruppen, wo alles erlaubt ist und es regelmäßig zu Stürzen und Wortgefechten kommt, die dann anschließend mit Genuss in diversen sozialen Medien weitergeführt werden, herrschen in einer japanischen Radsportgruppe eine strenge Hierarchie und noch strengere

*Juliane fuhr nicht nur unglaublich gut Rennrad, sondern hatte wunderschöne Beine und einen ebenso schönen Bauch.*

Regeln – nichts davon war mir im mindesten bekannt. So ist es zum Beispiel grob unhöflich, den Chef zu überholen. Auch wenn der Chef der ist, der am längsten dabei ist und deshalb auch als Ältester am langsamsten fährt. Der Chef fährt voran und gibt die Richtung vor, etwas, was radfahrende Punkrocker und NVA-Gazellen nur sehr schwer akzeptieren können.

Wir trafen uns an den Wochenenden morgens an einer Bretterbude am Tamagawa, die eine richtig gute Kneipe war, und machten uns am Fluss entlang auf den Weg in die Berge – immer schön hinter dem Chef her. Die Jungs – Frauen waren da natürlich sonst nicht dabei – kannten sich gut aus und zeigten uns die besten Straßen aus Tokio heraus. Und wir fuhren mit ihnen zu den Hobbyrennen.

Mein erstes Rennen war bei einem achtstündigen Staffelrennen auf einem Autorennkurs in Tsukuba – Mann, war das aufregend! Aber leider kommt einem dann irgendwann die eigene Kultur in die Quere. An einem Tag waren wir unterwegs in die Berge, wo wir in einer kleinen Pension an einer heißen Quelle übernachten wollten. Juliane hatte einen Platten, und ich half ihr, den Schlauch zu wechseln. Wir hielten kurz an einem Supermarkt, um uns zu verpflegen, schmissen den kaputten Schlauch weg und machten uns daran, die anderen wieder einzuholen. Es war ein wunderschöner Tag, und nachdem wir angekommen waren, saßen wir in den heißen Quellen und schauten in die leicht nebelverhangenen Berge und auf die Straße, die wir hochgefahren waren. Wir grillten und prosteten uns mit Bier zu – es war der perfekte Abschluss für den perfekten Tag. Dann passierte etwas Schreckliches.

Es fing an mit einer einfachen Frage:

»Sag mal, Juliane, wo ist denn der kaputte Schlauch, den du gewechselt hast?«

»Ach, den habe ich am Supermarkt weggeschmissen.«

Schlagartig veränderte sich die Atmosphäre. Es war, als wenn Schneewittchen mit den sieben Zwergen speist und guter Dinge ist, sich aber plötzlich herausstellt, dass die sieben Zwerge aus Nordkorea kommen und Maschinenpistolen unter ihren Mützen versteckt hatten.

»Bist du verrückt? Der Schlauch, der dich so viele Kilometer gefahren hat? Der Schlauch, der dich immer loyal getragen hat, dich nie im Stich ließ und klaglos alle Stöße dämpfte? Den hast du einfach so WEGGESCHMISSEN????«

Wir waren beide etwas geschockt von der Wucht der Konversation und kamen gar nicht mehr zu Wort, da nun aus allen Richtungen in erregtem Japanisch auf uns eingeredet wurde. Vieles haben wir in dem Moment auch nicht verstanden, aber die generelle Botschaft war schon klar: Ihr Barbaren!

Falls es jemand interessiert, was wir hätten tun müssen: den Schlauch mit nach Hause nehmen, im eigenen Garten vergraben, die Hände falten und ein kleines Dankesgebet aussprechen: »Danke, kleiner Schlauch, dass du mich so lange getragen hast, dass du usw.« Was wir getan haben, war, dann nicht mehr mit den Jungs zu fahren.

*Irgendwann einmal hatte ich dann auch gelernt, wie man sich in Japan einem Schlauch gegenüber zu verhalten hatte.*

Ehrlich gesagt war das aber auch nicht so tragisch, denn in der Zwischenzeit hatten wir eine Reihe von sehr netten und lustigen Menschen kennengelernt, mit denen das Radfahren sehr viel Spaß machte. Und die hießen: David, david, Tom, Ludwig, Steven, Jerome, Laurent, Dominic, Graham und Marek. Fällt da was auf? Richtig, da ist kein japanischer Name dabei. Meine Freunde waren alles westliche Ausländer, so wie ich.

»David« kam aus Amerika und war ein eher großer und bulliger Typ, so wie ich. »david« hingegen war deutlich kleiner, stammte aus London und war in einer Radsportfamilie aufgewachsen. Sein Vater war Rennen gegen Tom Simpson gefahren.

*Nachdem Juliane und ich uns aufgrund unüberbrückbarer Radschlauchentsorgungsdifferenzen von unserer japanischen Radsportgruppe abgesetzt hatten, fanden wir bei Positivo Espresso eine neue Heimat. Hier zusammen mit David, david und Tom.*

Wenn ich heute zurückschaue, dann habe ich es geschafft, in 14 Jahren mit genau vier Japanern eine vertrauensvolle Freundschaft aufzubauen: Ishiyama war mein Chef im Praktikum des Stipendiums. Nagashima war ein Kollege bei Schindler, der lange im Ausland war. Frau Komatsu war eine Mitarbeiterin von mir, und »Zeke« Morikawa kannte ich noch aus meiner Studienzeit in Aachen. Ich finde, das ist keine gute Bilanz, vier Freundschaften in 14 Jahren. Aber nicht unbedingt untypisch für Ausländer in Japan, auch wenn sie so wie ich gut Japanisch sprechen, mit einer Japanerin verheiratet sind und im Großen und Ganzen willig, sich kulturell einzufügen. Es ist schlichtweg so, dass es sehr viel einfacher ist, Freundschaften mit anderen Westlern einzugehen, und ich habe in Japan ein paar wirklich großartige Menschen kennengelernt.

Mein Eindruck ist, dass das Konzept von Freundschaft in Japan generell ein anderes ist. In Deutschland suchen wir uns Freunde, die uns sympathisch sind, ganz egal aus welcher sozialen Klasse sie stammen, wo sie arbeiten, ob Mann oder Frau oder was sie sonst so machen. Deutschland ist kein Ponyhof, aber in puncto Freundschaft gibt es weniger Regeln. In Japan werden Beziehungen in der Schule, in der Uni und im Job geknüpft. Man geht nicht in die Kneipe, spricht jemanden an und wird beste Freunde. Die Basis für eine Freundschaft ist in der Regel der gleiche Hintergrund. Deshalb gibt es dann auch nach der Heirat wenig gemeinsame Freunde, als Ehepaar geht man nicht mit anderen Ehepaaren aus. Ehrlich gesagt finde ich das ja gar nicht so schlecht, wenn ich an die ganzen Freundinnen meiner Frau aus der Eiskunstlaufabteilung von 1860 Bremen denke, und meiner Frau wird es ähnlich gehen, wenn sie an meine Freunde aus dem Radsportbereich denkt. Campagnolo und Kufenschleifen passen nicht wirklich zusammen.

Ich bin mir nicht sicher, wie das unter Japanern ist, aber zwischen meinen japanischen Freunden und mir gab es nur wenige oder eigentlich keine Gespräche aus dem Bereich »Psychohygiene«. Will sagen, ab und an brauche ich mal Menschen, denen ich sagen kann, wie doof meine Frau gerade ist, wie undankbar die Kinder sind, dass ich Lungenkrebssymptome verspüre, dass ich nicht mehr so schnell Rad fahre wie früher und so weiter... Und meine Freunde erzählen mir dann von ihren Prostatabeschwerden, der Frau, die sie verlassen hat, und von den undankbaren und doofen Kindern. Kinder sind immer ein Thema. Man kann berichten, wie schnell sie etwas gelernt haben, wenn sie jung sind, und wie viel sie noch nicht können, wenn sie pubertieren.

Nachdem wir uns gegenseitig ausgeheult und gut getrunken haben, geht es uns dann besser, und wir gehen zurück zu unseren Frauen und Kindern. Ich finde, das ist ein elementarer Teil von Freundschaft. Menschen, mit denen ich so etwas nicht mache, würde ich nicht als Freunde bezeichnen – na ja, vielleicht eher nicht als gute Freunde.

All dies gibt es nicht so ausgeprägt in Japan, und das macht den Aufbau einer Freundschaft so schwierig. Am Anfang läuft es gut an, alles ist nett, entwickelt sich prächtig; aber schon bald kommt man an einen Punkt, an dem es nicht mehr weitergeht. Wir erwarten jetzt gute Gespräche, aber die kommen nicht, und wenn wir sie anfangen, dann enden sie im Nirgendwo. Mit anderen Worten, unsere Erwartungen werden nicht erfüllt. Und wie sagte Stalin so nett: »Glück ist die kleinstmögliche Differenz zwischen Realität und Erwartung.«

Doch dann, nachdem es gerade so frustrierend mit den Japanern in Japan ist, lernt man ein paar nette Ausländer kennen, und wupp – es funktioniert wieder.

Mein Job war anstrengend, und auch die Familie forderte Zeit und Energie, aber in den nächsten Jahren fuhren wir an fast jedem Wochenende gemeinsam mit anderen Bekannten raus und erkundeten in immer weiteren Radien die Gegend um Tokio herum. Die meisten Radsportler denken bei tollen Straßen vielleicht an den Stelvio, Sa Calobra oder den Mont Ventoux – ich denke an die vielen kleinen abgeschrankten asphaltierten Forstwege in den Bergen nördlich von Tokio.

Landflucht und demografischer Wandel haben auf dem Land einiges angerichtet. Es ist daher eine japanische Besonderheit, dass die Größe der Wahlkreise schon lange nicht mehr im Verhältnis zu ihren Bevölkerungszahlen steht. Die Landbevölkerung ist daher viel stärker im Parlament vertreten, als es proportional gerecht wäre, und der Abgeordnete eines jeden Landkreises versucht, Geld für Projekte in seinen Wahlkreis zu bekommen. Und so ist das Straßennetz auf dem Land erstaunlich gut ausgebaut, es werden immer wieder neue Tunnel und Brücken gebaut, um Orte miteinander zu verbinden, die nur noch auf dem Papier existieren. Das ist volkswirtschaftlich schlecht für Japan, aber großartig für Radfahrer.

*Diese Brücken verbinden Dörfer, in denen niemand mehr wohnt, mit Orten, wo bald keine Dörfer mehr sein werden.*

Um das Holz aus den Bergen zu transportieren, gibt es einsame Forstwege (*Rindo*), die für den öffentlichen Verkehr gesperrt sind und teilweise mit Brücken und Tunneln ausgebaut wurden, so dass man lange Strecken ganz ohne Autolärm oder Kontakt zu anderen Menschen zurücklegen kann. Ab und zu begegnen einem Wildschweine, Rehe oder Affen, und wenn man Pech hat, Bären, aber ansonsten lässt es sich dort sehr schön fahren. Ich würde mal sagen, von allen Straßen, die ich mit meinen Rädern gefahren bin, sind dies die schönsten.

*Rindo-Straßen sind für den öffentlichen Verkehr gesperrt und werden genutzt, um Holz aus den Bergen zu holen. Ein Paradies für Radfahrer – meistens.*

Oder wir fuhren in den Süden Richtung Izu-Halbinsel, wo uns am Ende ein traumhafter Strand in der Nähe von Shimoda erwartete. Es gibt da einfach so viele Möglichkeiten, etwas zu unternehmen, und so viele Dinge zu sehen, dass es wie in einem Traum ist, dessen Inhalte man sich auswählen kann, und man trotzdem immer wieder überrascht morgens aufwacht.

Ab und an nahmen wir auch an Rennen teil. Der JCRC organisierte jedes Jahr eine Rennserie mit zehn bis 15 Rennen, von denen viele in der Nähe von Tokio durchgeführt wurden. Eine der schönsten Strecken, vor allem weil es flach war, war das Rennen um den Saiko-See in der Nähe des Fujis. Wir fuhren dort Einzelrennen von 20 Kilometer Länge, und ein paar Mal versuchten wir uns auch im Viererteam über zehn Kilometer, was aber im absoluten Chaos endete. Natürlich gewannen wir nie etwas, wir waren wie die Fischer von San José, über die Christian Bieniek einen Schlager geschrieben hatte:

»Die Fischer von San José / schifften Tag und Nacht in die offene See / doch Fische, die fingen sie nie.«

Wir hatten eine Menge Spaß, kamen ganz schön herum und lernten eine Menge netter Menschen kennen, die aus oben beschriebenen Gründen nicht unsere Freunde wurden.

Ich war zwischenzeitlich von Schindlers Liften zu einem amerikanischen Konzern in Japan gewechselt und deren Japanchef geworden. Mir wird leider schnell langweilig, und daher beträgt meine Jobhalbwertszeit ziemlich genau fünf Jahre. Danach brauche ich etwas Neues, und das hängt mit zwei Schwächen zusammen: der Unfähigkeit, sich auszumalen, dass etwas kompliziert sein könnte, und der Umgang mit Kollegen, wenn es dann doch so ist.

Aber im Einzelnen: Wenn ich gefragt werde, eine neue Arbeit oder Aufgabe anzufangen, wie zum Beispiel einen Staudamm in China zu bauen, dann male ich mir aus, wie das in groben Zügen gehen könnte, und rufe: »Ich bin dann mal für zwei Wochen weg.« Leider ist das dann alles sehr viel komplizierter. Klar, 180.000 Menschen zu überzeugen, dass ihr Wohnzimmer wegen des Stausees dauerhaft zum Aquarium wird, das erzeugt Reibung. Aber ich bin bei allen Herausforderungen stets begeistert dabei. Über die Alpen in sieben Tagen, 1.000 Kilometer und 20.000 Höhenmeter mit Übernachtung in der Turnhalle? Hey, meld' mich an. Eine runtergekommene Firma aus dem Sumpf ziehen? Klar, warum nicht?

Mein Aufenthalt in China dauerte zwar länger als geplant, aber irgendwie kommt ja doch etwas Vernünftiges raus, wenn man sich Mühe gibt. Nun war leider bei dem Job alles Unbekümmerte verflogen, was sich auf meine Motivation auswirkte. Durch meinen ungestümen Vorwärtsdrang hatte ich es mir mit allen Kollegen versaut – also musste eine neue Aufgabe her.

*Auch in den Bergen nördlich von Tokio gab es viele Staudämme, die sich hervorragend auf dem Rad ansteuern ließen.*

Die Amis bezahlten gut, aber leider hatte mich niemand darauf vorbereitet, dass die Amerikaner anders sind als wir. Also, als ich nach Japan geschickt wurde, wurde mir von allen Seiten geraten, ich solle aufpassen, nicht voreilig urteilen, und ich würde sicherlich den einen oder anderen Kulturschock bekommen. Aber bei Amerikanern? Die sehen doch genauso aus wie wir! Okay, also Amis tragen diese komischen Khakihosen und sagen unglaublich oft »sensationell« oder »fantastisch«, aber hey, wir Deutschen sind auch die Einzigen, die glauben, dass »Wie geht es dir?« eine Frage ist. Sensationell. Fantastisch. Und dir?

Wie die Japaner haben aber auch die Amis so ihre Eigenarten, genau wie die Deutschen, Jordanier oder Sudanesen. Dass jede Kultur ihre Eigenheiten hat, ist das, was jede Kultur gemeinsam hat. Bei Amerikanern denkt man häufig an den Hort der Demokratie und dass es lustig sein muss, in Firmen wie Facebook, Instagram oder Twitter zu arbeiten, weil da überall Kicker auf den Fluren stehen und es in der Kantine Hafermilch Latte und Superfood umsonst gibt. Dies unterscheidet sich deutlich zum Beispiel vom Bürgeramt Bremen Mitte auf der Stresemannstraße mit seinen gebohnerten Vinylbodenbelägen, Bakelit-Tresen und Security Guards. Und es mag ja auch in Amerika Firmen geben, wo alles prima läuft, aber meine Erfahrungen in der traditionellen Industrie sind eben anders, eher so wie ein Kindergarten in Nordkorea: Man singt zusammen hübsche Lieder und hört gut zu, was der große Führer einem befiehlt. Draußen läuft derweil schief, was nicht gerade ist. So war mir zum Beispiel nicht klar, dass die nette Suggestion »*You might want to consider to...*« einfach auf Deutsch übersetzt bedeutet: »Das ist mal besser bis morgen erledigt, sonst setzt es was.« Oder als mein Chef einmal behauptete, etwas sei eine Firmenregelung, und ich ihn fragte, wo das denn stehen würde – in seinen Augen alles schlimmste Aufmüpfigkeiten –, da antwortete er mir: »In dem Moment, wo ich es ausspreche, wird es zur Firmenregelung.«

Ich verdiente zwei Jahre lang extrem gut, ließ aber auch nie persönliche Dinge im Büro zurück, weil ich nicht sicher wusste, ob man mich am nächsten Tag wieder reinlassen würde. Immerhin ermöglichte mir das im späteren Leben eine große Freiheit und weniger Sorgen. Aber mir war klar, dass ich kündigen musste, bevor ich rausgeschmissen würde. Oder die Amis feststellten, dass sie mich ja eigentlich nur als Hausmeister anstellen wollten. Einen neuen Job zu finden, konnte ja nicht so schwierig sein.

Ich ging dann lustigerweise zum genauen Gegenteil, einem schwäbischen Familienunternehmen, das langweilige Produkte weltweit vertreibt und sich gemütlich Häfele ausspricht. 2006 wurde ich ihr Japanchef und brachte es innerhalb kürzester Zeit fertig, mich mit meinem Vorgänger und Nun-Chef völlig zu verkrachen. Noch vor der Halbwertszeit von fünf Jahren bekam ich 2008 die Kündigung.

Okay, dann brauchte ich halt einen neuen Job, kann ja nicht so schwierig sein. Ist bis Montag erledigt. Aber es war diesmal komplizierter, denn

2008 schickte Lehmann die globale Wirtschaft die Achterbahn runter und mittlerweile war ich auch Mitte vierzig.

Das war ein harter Schlag, denn ich hatte mein Leben lang Karriere gemacht und glaubte an ein gerechtes Prinzip von Leistung und Belohnung. Karriere zu machen ist an sich, wie gemeinsam auf dem Rad einen Pass hochzufahren.

Zu Beginn sind wir alle in der gleichen Gruppe, so wie man mit seinen Freunden zusammen in der Grundschule ist. Dann kommen alle gemeinsam in die Oberstufe, nein, doch nicht alle, Albert fängt eine Ausbildung bei Philips an, Volker geht zur Polizei und Thomas verkauft Hamburger bei McD. Das sind die Fahrer, die Pause machen oder aufgeben. Man schaut sich das an und lächelt, tja, nicht geschafft. Man selber hat es ja eigentlich auch nicht verdient, aber alles ist gut, man zieht durch. Meine Freunde und ich fangen an zu studieren, Achim auch, aber der macht Germanistik und fährt dann Taxi. Der erste Job kommt und geht, man ist nicht mehr Ingenieur, sondern Manager auf der Baustelle, während der Beste im Studium nie aus dem Planungsbüro herauskommt. Und so geht es weiter, rechts und links machen Mitstreiter Pause.

Aber Tatsache ist, dass oben auf dem Pass auch nicht Platz für alle ist. Wir können nicht alle Bezos, Musk oder Jobs werden. Und irgendwann geben wir dann auch mal auf. Genau an diesem Punkt meiner Karriere war ich gerade angelangt.

Nun ist es aber wichtig, darüber nicht traurig zu sein. Nur weil man dem beruflichen Erfolg das ganze Leben lang hinterherhetzt, heißt es ja nicht, dass es das ist, was einen glücklich gemacht hat. Und wenn der Tresor erst einmal voller Cash ist, ist es umso besser. Aber ich bin heute noch stolz, dass ich nicht jammere, weil ich nicht Business-Class fliege – im Gegensatz zu meinem Sohn, der mich mit 13 Jahren bei dem ersten Economy-Flug seines Lebens beim Einsteigen nur angsterfüllt ansah und fragte: »Was, nach hinten?« Oder dass es mir nichts ausmacht, in der Jugendherberge am Dümmer See im Etagenbett mit einem Kollegen zu übernachten und auf dem Flur zu duschen. Das Doofe beim Auf-dem-Flur-Duschen ist eigentlich nur, dass alle sehen, wenn man sein Rad mitnimmt.

Ich fand keinen Job. Was mich dann langfristig wieder nach Deutschland gebracht hat, um hier etwas zu tun, was ich mir als absolut unkompliziert vorgestellt hatte, nämlich eine private Hochschule zu gründen. Ich meine, ist ja nur ein Bürohaus und kein Staudamm. Natürlich hat das auch geklappt und war unendlich komplizierter als gedacht, und ich würde das auch nie wieder tun, aber darum geht es hier zum Glück ja nicht.

Aber im Frühjahr 2008 war ich in Japan, hatte meine Karriere erst einmal geparkt und brauchte ein neues Ziel. Diese neue Aufgabe war es, japanischer Meister beim JCRC zu werden. Und davon handelt dieses Buch, auch wenn zwischenzeitlich vielleicht der Eindruck entstanden ist, dass es hier gar nicht um Radfahren geht.

Die Meisterschaft war eine schön unkomplizierte Aufgabe, die ich mit wenig Aufwand bis Ende des Jahres erledigen könnte. Dachte ich zumindest.

*Oben, auf dem Pass, ist eben auch nicht Platz für alle. Für Juliane, david, David und mich aber schon.*

# Renndebüt in Saitama

Ich überlegte mir, ob es nicht vielleicht besser wäre, wenn mir spontan ein Bein abfallen oder wenn ich von Nordkoreanern entführt würde. Letzteres war ein sehr populäres Thema in Japan. Mit anderen Worten, ich war gerade sehr nervös wegen des ersten Rennens am nächsten Tag und suchte nach einer passenden Ausrede. Und so richtig schön warm war es im März in Tokio auch noch nicht. Egal, ich glaube, der Tag, an dem ich nicht mehr aus dem Bett komme, um Sport zu machen, ist der Tag, an dem ich es auch gleich mit dem Leben sein lassen kann.

Aber hey, das erste Rennen der Saison war ja auch nur eine Stunde von zu Hause entfernt in Kawagoe in der Präfektur Saitama, und ich hatte auch meine Kinder für die »Milky Way«-Kinderrennen angemeldet. Meine Frau hätte ich auch gerne für das Frauenrennen registrieren lassen, aber ich wollte es auch nicht übertreiben, ich war sowieso schon froh, dass sie überhaupt mitkam. Als wir ankamen und ich die Radklamotten überzog, war ich dann nicht mehr so froh, dass sie dabei war. Sie meinte nur, ich würde fett aussehen.

Es gibt in Japan 45 Präfekturen, dazu noch die Hauptstadt Tokio und die große Insel Hokkaido im Norden; diese entsprechen in etwa den deutschen Bundesländern. Auf meiner persönlichen Rangliste der Präfekturen liegt Saitama weit unten, der Grund ist schlicht und einfach die Nähe zu Tokio – ein Schicksal, das Saitama mit Chiba, Kanagawa und Yamanashi teilt. Als Japan in den Sechzigerjahren wirtschaftlich erfolgreich und wohlhabend wurde, wuchsen insbesondere die Einwohnerzahlen in den großen

*Bei meinem ersten Rennen war ich nicht nur fett und alles andere als fit, sondern auch noch extrem mies gekleidet. Dafür aber hatte ich Aero-Überschuhe an.*

Städten wie Tokio, Osaka und Nagoya schnell an, und das umliegende Land wurde durch Eisenbahnlinien, Schnellstraßen und Siedlungen erschlossen. Das südliche Saitama ist daher eine schrecklich langweilige, zersiedelte Gegend geworden, an deren Straßen sich Autohäuser, Spielhallen und Supermärkte ballen. Jede Stadt dort sieht gleich aus, jede Straße hat man schon mal gesehen, und jedes Haus ist eine Kopie eines anderen Hauses. Meistens dessen, das danebensteht.

Es gibt in Japan wunderbare Orte, geradezu mystisch mitten in der wunderschönen Natur, mit alten, rot gestrichenen Tempeln und knorrigen Kirschbäumen. Und es gibt Städte aus der Zukunft mit pulsierendem Licht, gewagten Bauwerken, vier Lagen Autostraßen und Action rund um die Uhr. Saitama gehört nicht dazu; Saitama ist für Tokio, was Bergheim für Köln, Delmenhorst für Bremen oder Offenbach für Frankfurt ist.

*Ein Schrein irgendwo am Biwa-See in der Nähe von Kyoto während der Kirschblüte. Ein kleines Mysterium Japans.*

Wir fuhren mit dem dicken Firmen-BMW hin und kamen morgens am Kawagoe Suijo Park an, wo das Rennen stattfinden sollte. Dieser Park besteht zu einem Drittel aus Parkplätzen, einem Drittel aus diversen Seen und Schwimmbecken und einem Drittel aus ... äh ... einem Park. Es gab dort einen 1,5 Kilometer langen abgesteckten Rundkurs, auf dem wir uns duellieren sollten. Technisch also nicht besonders anspruchsvoll, zwei etwas engere Kurven, dazu einige knifflige Passagen, aber im Prinzip ein Rennen der Gattung »Rund um die Tonne«, wie sie häufig auch von Vereinen in Deutschland organisiert werden.

Ich hatte mein neues Cervélo-Rad noch nicht fertigbekommen und stattdessen mein Cannondale R1000 mitgebracht. Man erinnert sich: das grüne Bernsteinzimmer des japanischen Radhandels. Das Cannondale war mein erstes modernes Rennrad – Alurahmen mit einer Ultegra-9-fach-Schaltung, was man halt so als ambitionierter Einsteiger fährt, ohne gleich negativ (»Oh, du fährst ein Rad mit 'ner 105er-Schaltung? Hast du deinen Job verloren?«) oder positiv (»Dura-Ace? Das fährst du doch nie raus!«) oder gar nicht (»Häh, wie heißt das? Campagpolo?«) aufzufallen. Ich hatte seit dem Kauf nur wenige Änderungen vorgenommen. In einem Land mit wirklich vielen Bergen wurde dieses Rad vorne mit 52/39-Kettenblättern und hinten mit einer 11/23-Kassette ausgeliefert. Als ich damit zum ersten Mal in die Berge fuhr und selbst mit der kleinsten Übersetzung von 39 x 23 nur noch eine Trittfrequenz von etwa zwei hatte, wurde mir klar, dass es nicht ausschließlich an mir liegen könnte.

Insgesamt war das Rad okay – aber ich war es leider gar nicht. Ich war untrainiert, fett und hatte mich dann auch noch wie der totale Anfänger angezogen. Mein auffälliges, oranges Euskaltel-Jersey spannte über dem Bauch bis zur schwarz-weißen Radhose. Darunter dann zwei wintergebleichte kalkweiße, behaarte Beine und als Höhepunkt knatschgelbe Überzieher über den Schuhen. Jeder, der mich da so sah, konnte erahnen, dass ich auch nicht schnell fahren würde. Der Einzige, der das nicht wusste, war ich mit meiner »Es ist noch immer gut gegangen«-Mentalität.

In der D-Klasse erschienen 42 Starter. Das Rennen war als Punkterennen aufgebaut; für diejenigen, die sich darunter nichts vorstellen können: Jede zweite Runde bekommt der Erste, der das Ziel durchfährt, sieben, der Zweite fünf, der Dritte vier usw. Punkte. In der letzten Runde werden die Punkte verdoppelt. Wer nach zehn Runden die meisten Punkte hat, hat das Rennen gewonnen. Eine japanische Besonderheit ist, dass alle startenden Fahrer einen Punkt bekommen, weshalb keiner mit null Punkten nach Hause fahren muss und sich dann schlecht fühlt.

Ich wusste aus Erfahrung, dass nur etwa zehn Fahrer überhaupt in der Wertung Punkte bekommen werden, also im Sprint einmal unter die besten sechs kommen würden. Daher war es meine Strategie, nur einmal zu sprinten, ein paar Punkte einzusammeln und dann das Rennen in aller Ruhe zu Ende zu fahren. Na, das würde doch dann ein entspannter Nachmittag werden, so wie Napoleon ja auch mit der richtigen Strategie ein paar heiße Nächte in Moskau verbracht hätte. Außerdem dachte ich mir noch, dass bestimmt alle supernervös losfahren und versuchen würden, beim ersten Sprint Punkte einzusammeln, weshalb ich mir vornahm, mich erst einmal dranzuhängen und dann beim zweiten Sprint nach vier Runden zuzuschlagen. Dann wäre ich gerade mal sechs Kilometer gefahren und könnte die letzten neun Kilometer gemütlich und unambitioniert nach Hause radeln.

Ach so, falls es noch nicht aufgefallen ist: Die JCRC-Rennen in Japan sind sehr kurz – 15 Kilometer, da lachen viele. Aber der grundsätzliche Gedanke, viele kurze Rennen (in Kawagoe insgesamt 19!) mit kleinen Gruppen gleicher Leistungsklassen an einem Renntag zu fahren, hat schon seinen Charme – im Gegensatz zu einem langen Rennen mit zu vielen Startern, die am Ende dann nur in verschiedenen Klassen gewertet werden. Vor allem ist man dann auch schneller zu Hause, noch frisch und kann den Tag für andere Dinge sinnvoll nutzen.

Am Start stand ich irgendwo in der Mitte des Blocks, und ehe ich überhaupt darüber nachdenken konnte, nervös zu sein, ging das Rennen auch schon los – natürlich in einem höllischen Tempo, auf das ich nicht gefasst war. Heute würde ich sagen, klar, ist ja immer so, selbst bei einer RTF, wo es nichts zu gewinnen gibt. Aber da ich ja noch keine Erfahrung hatte, war ich überrascht, sogar überwältigt. Zuerst konnte ich noch mithalten, aber mit »zuerst« meine ich auch nur die ersten drei Runden, danach flog ich mit ein paar anderen hinten aus dem Feld raus. So weit zu meiner genialen Strategie. Nach vier Runden war an einen Sprint gar nicht zu denken, ich musste einfach nur kämpfen, um im Gruppetto zu bleiben.

In diesem Moment wurde mir klar, dass ich nun unbedingt so schnell fahren musste, dass mich das Hauptfeld nicht einholt und überrundet, denn dann drohte mir gleich im ersten Rennen die Disqualifikation und damit das Scheitern meines ganzen Vorhabens. Das Risiko war gar nicht mal so gering, denn die Durchschnittsgeschwindigkeit hier lag bislang bei 45 km/h und die Strecke war eben auch nur 1,5 Kilometer lang, ergo zwei Minuten Fahrzeit pro Runde. Von einem entspannten Sonntag verwandelte sich das Ganze also plötzlich in einen Morgen der Hölle in Verdun.

*Bei meinem Renndebüt in Kawagoe machten zwei Enka-Sängerinnen (Enka = japanische Schlager) in Schlafanzügen mit Schlag und Stiefeln mächtig Stimmung.*

Jetzt wäre es toll gewesen, wenn wir uns innerhalb der sechs Fahrer hinter dem Feld immer schön vorne abgewechselt hätten, und wer weiß, vielleicht wären wir sogar noch einmal an das Feld herangekommen. Aber ich hatte so eine Panik, dass ich fast die ganze Zeit vorne fuhr und mich total sinnlos verausgabte. Hinter mir lachten und schwatzten die anderen Fahrer in meinem Windschatten, am Streckenrand versteckten sich meine Kinder, damit sie nicht mit mir, dem einzigen Ausländer im Park, in Verbindung gebracht würden, und meine Frau telefonierte angeregt und lange mit ihren Freundinnen, um allen klarzumachen: »Ich bin nicht unbedingt freiwillig hier.«

Nachdem wir dann nach neun Runden durch das Ziel gekommen waren, war nun klar, dass wir nicht überholt werden würden, oder vielleicht doch: beim Ausrollen der Sprinter nach dem Ziel. Die letzte Runde gingen wir also gelassener an, und ich machte es mir zur Aufgabe, wenigstens den Sprint der sechs Fahrer zu gewinnen.

Kurz hinter der letzten Kurve, etwa 250 Meter vor dem Ziel, zog ich von vorne weg an und schaffte es dann ... fast. Na, immerhin kam ich als Zweiter der Gruppe ins Ziel und insgesamt als 30. von 38 Fahrern, die überhaupt die Ziellinie überquerten. Das motivierte mich wieder ein wenig, und ich hatte wie geplant die ersten 60 Punkte auf dem Weg zur Meisterschaft gesammelt.

Mein Sohn, dessen sportliche Gene überwiegend von mir vererbt sind, schlug sich auch etwa so ähnlich wie ich, so dass ich aus Gründen der Barmherzigkeit nicht weiter darüber schreiben möchte. Er könnte auch wesentlich besser fahren, wenn er sich nicht immer beim Start die Ohren zuhalten würde, denn er ist sehr lärmempfindlich und fürchtet sich vor dem Startschuss. Den hört er dann nicht, und bis er die Hände am Lenker hat, sind alle anderen Kinder bereits weg. Meine Tochter hingegen stand mal wieder auf dem Podium. Von unserer gesamten Familie ist sie mit Abstand die sportlich Erfolgreichste, wenn auch nicht auf dem Rad, sondern beim Eiskunstlaufen.

# Überstunden für Slartibartfast

Auch wenn einige »Fake News!« rufen, schuf Gott die Erde in sechs Tagen. Ihm ging es so wie uns allen, wenn wir irgendetwas Komplizierteres von Lego aufbauen: Alles ist fertig, prima, aber warum liegen da noch so viele Teile rum? Und so hatte Gott am siebten Tag noch jede Menge Hügel, Schluchten, Abhänge und Böschungen übrig. Einen großen Teil verbaute er am Sonntagvormittag und komplizierte damit unnötig die Küstenlinie Norwegens, den Rest schmiss er nach Shuzenji in Japan. Zur Sicherheit hängte er Schilder auf, auf denen »Menschheit! Betretet nicht dieses Gebiet! Und denkt schon gar nicht daran, hier Rad zu fahren!« stand. Aber dann war auch mal Schluss, es war schon fast Mittag, und er war noch zum Brunchen eingeladen.

Die folgenden 3,5 Milliarden Jahre lief auch alles gut. Alle intelligenten Lebewesen, seien es Einzeller, Amphibien, Reptilien oder Kängurus hielten sich schön von Shuzenji entfernt. Und auch die ersten Menschen waren mehr damit beschäftigt, Mammuts zu jagen, Höhlen zu bemalen und für Nachwuchs zu sorgen, als über KOMs nachzudenken. Doch mit der Erfindung des Rades ging es dann schnell bergab. Das heißt eigentlich: bergauf.

Die ersten Japaner tauchten auf, und da kurze Zeit später in Tokio mehr als 30 Millionen von ihnen lebten und wirklich kein Platz mehr war, fiel die Wahl für den Bau eines Radsportleistungszentrums naturgemäß auf die abgelegene, hügelige Gegend um Shuzenji. Das klingt vielleicht überraschend für jemand, der noch nie in einem japanischen Meeting saß, aber alle, die mal dabei waren, nicken jetzt nur zustimmend und lächeln leise vor sich hin.

»Hey Gott«, so ungefähr geht das Argument, »das war ja alles gut und richtig, was du dir da vor Milliarden von Jahren ausgedacht hast, aber hey, wir haben 10-Gang-Shimano-Di2-Schaltungen, Carbon-Sättel, die 70 Gramm wiegen, und Lightweight-Laufräder – daran haste nicht gedacht, stimmt's?«

Das Cycle Sports Center Shuzenji umfasst eine Sportschule für die Ausbildung der Keirin-Rennfahrer, eine Fünf-Kilometer-Rennradstrecke, einen MTB-Trail und einen Freizeitpark. Aber nicht nur das, acht Mal im Jahr gibt es mittlerweile Kurse für Frauen, die nicht Rad fahren können, mit einer Erfolgsquote von 99,9 Prozent. Kurz gesagt, Shuzenji ist ein Traum für Männer, Kinder und Frauen gleichermaßen.

Leider hatte der JCRC entschieden, zwei seiner Rennen in Shuzenji auszutragen, so dass ich gezwungen war, im Frühjahr 2008 morgens sehr früh 140 Kilometer von Tokio nach Shuzenji zu fahren und Gottes Gebote zu missachten. 140 Kilometer, vor allem auf engen Landstraßen, die durch die hügelige Izu-Halbinsel führen, sind an sich schon anstrengend zu fahren. Und erstaunlicherweise sind morgens sehr früh schon unglaublich viele Autos unterwegs; das liegt an dem statistischen Gesetz der großen Zahlen.

Es heißt ja: Ein noch so kleiner Prozentsatz multipliziert mit einer großen Zahl ergibt eine immer noch beachtlich große Zahl; man muss jetzt nicht Ingenieurwesen an der RWTH Aachen studiert haben, um das zu verstehen – aber was bedeutet das im echten Leben? Mir wurde das zum ersten Mal bewusst, als ich mich eines Abends mit einem Freund zusammen in Tokio entschloss, zu einem Kino zu fahren, um dort eine Reihe »experimenteller Stummfilme des Dadaismus der Zwanzigerjahre aus Frankreich« zu sehen. Ehrlich gesagt habe ich vergessen, warum wir das jemals eine gute Idee fanden. Eine solche Veranstaltung, zum Beispiel in Mönchengladbach durchgeführt, würde vermutlich zwei Kunststudenten anlocken, von denen der eine in letzter Minute absagt. Klar, Mönchengladbach hat ja auch nur 150.000 Einwohner (Rheydt nicht mitgezählt!). In

Tokio mit 30 Millionen Einwohnern gibt es aber durchaus genügend Japaner, die sich so etwas antun. Und so war das Kino dann auch konsequenterweise ausverkauft, als wir ankamen.

Ein anderes Beispiel: Einige Jahre später fuhr ich mit meinem Sohn am Tamagawa heraus aus Tokio, als über den Fluss eine amerikanische Militärmaschine in Richtung des Luftwaffenstützpunktes Yokota flog - dort, wo es angeblich günstige Räder gibt. Hm, dachte ich, das wäre doch mal eine tolle Idee, am nächsten Wochenende mit ihm zur Einflugschneise zu fahren und Flugzeuge anzuschauen. Gesagt, getan. Am nächsten Sonntag fuhren wir mit Bahn und Taxi zur Airbase. Als wir ankamen, dachte ich zunächst, da wäre eine Demo in der Einflugschneise, denn dort standen Massen von Japanern herum. Aber nein, das waren einfach Menschen, die die gleiche Idee hatten wie wir und zum gleichen Zeitpunkt nach Yokota gekommen waren. Einige hatten ihre Familien mitgebracht und grillten, andere standen auf Leitern, um die Flugzeuge über den Zaun besser fotografieren zu können. Einer erzählte mir, dass gleich eine Transportmaschine aus Pusan, Korea, ankommen würde. Woher er das wusste? Er hatte einen Kurzwellenempfänger dabei, mit dem er den Tower abhörte. Kurzum, ich dachte, ich hätte eine ganz tolle Idee gehabt und wäre bestimmt der einzige Mensch in Tokio, dem so etwas Tolles einfällt. Sind aber 30 Millionen Menschen um einen herum, wird das auch noch dem einen oder anderen in den Sinn kommen, und es wird ein Volksfest daraus. Das ist das Gesetz der großen Zahlen.

Und so waren morgens um vier schon unzählige Autos auf den Straßen von Tokio unterwegs und, ja, Gesetz der großen Zahlen, viele davon eben auch nach Shuzenji. In der D-Klasse fing das Rennen nämlich schon kurz vor acht Uhr an.

Der fünf Kilometer lange Kurs kann im Uhrzeigersinn, wie bei diesem Rennen mit drei Runden, oder gegen den Uhrzeigersinn gefahren werden, dabei wird pro Runde ein Höhenunterschied von 140 Metern zurückgelegt. Nach dem Start geht es auf der breiten Zielgerade zunächst einmal 30 Höhenmeter hoch und dann halsbrecherisch mit hohem Tempo über viele technische Kurven 1,8 Kilometer runter. Ganz unten angekommen, gibt es dann einen 1,5 Kilometer langen Anstieg mit 70 Höhenmetern, bevor es wieder kurz runter in ein Tal geht. Danach beginnt der letzte Anstieg über 500 Meter zum Ziel. Wenn ich das hier so schreibe, dann klingt das so einfach: Drei Runden sind auch nur 15 Kilometer und 420 Höhenmeter – aber dieser Kurs ist wirklich die Hölle. Zum Glück waren nur drei Runden angesetzt, so dass die Gefahr einer Überrundung nicht besonders groß war. Ich musste nur das Ding zu Ende fahren, und dann konnte ich wieder 60 Punkte mit nach Hause nehmen.

*Der Kurs des CSC Shuzenji: schön breit, aber leider gar kein Stück flach.*

Am Start stand ich hypernervös mit 27 Japanern und stellte fest, dass ich wahrscheinlich einer der Ältesten im Feld war. Vor mir war ein, wie ich nachher herausfand, 14-jähriger Knirps, der – Spoiler Alert – das Rennen gewinnen sollte. Egal, sobald der Startschuss ertönte, war jede Nervosität weg, denn ich brauchte jedes Energiepaket, das in meinem Körper vorhanden war, um am Feld dranzubleiben und den ersten Berg hochzukommen. Das schaffte ich unter völliger Verausgabung, auch wenn ich mich fast ganz am Ende des Feldes befand. Wir begaben uns auf die lange Abfahrt. Hier hatte ich gewisse Vorteile, denn Masse rollt gut, so dass ich keinerlei Mühe hatte, die Position zu halten, bis wir ganz unten im Tal am tiefsten Punkt der Strecke ankamen. Aber als nun das Feld den Anstieg begann, war alles vorbei; ich konnte nur noch zusehen, wie sich auch der zweitschlechteste Fahrer zügig von mir in Richtung Ziel entfernte. So gut es ging, strengte ich mich an, den Berg hoch- und wieder runterzukommen, aber als ich nach der ersten Runde im Ziel ankam, war das Feld nicht mehr zu sehen, und die wenigen Zuschauer blickten mich mit einer Mischung aus Mitleid und peinlicher Berührung an. Gut, dann noch eine Runde erst kurz hoch und dann wieder in die Abfahrt. Ich musste jetzt nur noch die zweite Runde beenden und nicht überrundet werden; also strengte ich mich auf dem langen Anstieg voll an und schaute mich immer wieder um nach dem Motorrad, das die Spitze des Feldes ankündigte. Aber da war zum Glück nichts. Später konnte ich nachlesen, dass sich die Besten mit mehr als 31 km/h um den Kurs bewegten, während ich gerade mal mit 24 km/h um jeden Meter kämpfte. Aber das reichte eben auch.

*Der Start in Shuzenji. Vorweg ein Motorrad, hinterher eins. Wenn das erste auf das letzte trifft, war ich in Gefahr rauszufliegen.*

Die dritte Runde ließ ich es dann deutlich langsamer angehen, ich musste ja nur noch heil ins Ziel kommen. Ich sah einen abgehängten Fahrer vom Team »Spade Ace« – das ist Japanisch für »Ace of Spades« –, aber selbst einen demotivierten, abgehängten Fahrer konnte ich nicht mehr einholen und rollte hinter ihm über den Zielstrich.

Ergebnis: 25. von 25 Teilnehmern, die das Rennen beendeten – immerhin zwei hatten unterwegs aufgegeben. Ich fuhr nach Hause, wo mein Sohn mich fragte, welchen Platz ich beim Rennen belegt hätte. Wahrheitsgemäß sagte ich, dass ich Letzter geworden wäre. Da ich dies in den nächsten Wochen öfters sagen durfte, entwickelte mein Sohn nie sportlichen Ehrgeiz, denn ihm wurde klar, dass Trainieren und Üben total sinnlos sind – weil man ohnehin immer nur Letzter wird.

Wo wir gerade bei meinem Sohn sind: Im Gegensatz zu ihm, der die japanische Sprache natürlich gelernt hatte, musste ich eine Menge Zeit, Geld und Energie aufwenden, um Japanisch so gut zu beherrschen, dass ich es bei der Arbeit ohne größere Probleme benutzen konnte. Reden und lesen konnte ich ganz gut, hören und schreiben waren nicht so mein Ding. Japanisch ist an sich gar nicht so schwierig. Viele Dinge, die in der deutschen Grammatik kompliziert sind, existieren nicht. Es gibt nur wenige Zeiten, keine Beugung von Verben oder schwierige Laute wie zum Beispiel im Chinesischen. So kann man sich sehr schnell verständlich machen. Probleme verursachen aber die Zeichen und die Höflichkeit.

Im Gegensatz zu vielen anderen Ausländern, die Japanisch durch ihre japanischen Freundinnen gelernt hatten und daher aufgrund der Besonderheiten der Sprache leicht schwul klangen, konnte ich immerhin auf acht von 40 verschiedenen Arten zu meinem Gegenüber sagen: »Ich hätte gerne ein Glas Grapefruchtsaft.« Auf welche Art und Weise dies gesagt wird, hängt davon ab, welche Rolle man selbst und das Gegenüber in der Gesellschaft spielt. Steht der Mensch gegenüber höher in der sozialen Hierarchie, so muss man je nach der Größe des Unterschiedes entsprechend höflichere Formen benutzen. Umgekehrt, wenn der Mensch gegenüber sozial niedriger angesiedelt ist, darf man ihn sprachlich behandeln wie den letzten Dreck.

Das ist auch der Grund, warum Japaner bei ihrer ersten Begegnung fast immer Visitenkarten austauschen. Das ist etwa so wie Quartettspielen: Man sieht die Karte des anderen und liest »400 PS« und denkt, wow, ich habe nur 80. Stich.

Mein Chef, der Japanisch von seiner japanischen Frau gelernt hatte, beherrschte das gar nicht, und wenn er in Besprechungen auf Japanisch sprach, dann schwankte das Höflichkeitslevel wie die Wellen bei einem Sturm auf dem Meer:

»Okay Leute, ich möchte bitte alle demütigst bitten, dass wir bei diesem Projekt gut zusammenarbeiten. Damit ihr Spackos das auch zu Ende führt.«

Natürlich machte ich auch laufend die gleichen Fehler wie er, aber ich merkte das nicht und keiner sagte mir das.

Ich hatte einmal einen Praktikanten, den ich mal Kevin nenne. Immerhin hatte er mir bereits gedroht, ich dürfte diese Geschichte nicht mit seinem richtigen Namen erzählen. Ich stellte also Kevin meinem brasilianischen Kollegen Alfredo vor. Alfredos Großeltern waren in den Dreißigerjahren aus Japan nach Brasilien ausgewandert; Alfredo sah aus wie jeder andere Japaner. Also begrüßte ihn Kevin auf Japanisch mit:

»Hocherfreut, Ihre Bekanntschaft zu machen, mein Name ist Kevin.«

Worauf Alfredo auf Englisch antwortete:

»*Hi, my name is Alfredo.*«

Kevin dachte in diesem Moment, dass Alfredo extra wegen ihm nicht Japanisch, sondern Englisch sprechen würde, aber Alfredo sprach eigentlich immer Englisch. Dann machte Kevin das typische japanische Kompliment, das in diesen Situationen immer angebracht ist:

»Oh, Ihr Englisch ist wirklich erstaunlich gut!«

Worauf Alfredo erwiderte:

»Sie müssten erst mal mein Portugiesisch hören.«

Kevin hatte das aber nicht verstanden. Er glaubte immer noch, dass die Konversation standardmäßig nach japanischen Höflichkeitskonventionen verlaufen würde; demnach hätte Alfredo antworten müssen: »Ihr Japanisch ist ebenfalls sehr gut.« Hatte er aber nicht.

Und trotzdem antwortete Kevin auf Japanisch wie gewohnt:

»Nein, nein, nichts ist entfernter von der Wahrheit.«

Alle Anwesenden drum herum grinsten und wussten nicht, wohin sie schauen sollten.

Dasselbe passierte mir auch immer dann, wenn ich erzählte, wie ich bei einem Rennen abgeschnitten hatte. Aber abwarten, abgerechnet wird am Ende des Jahres.

*Ein großes Missverständnis in Japan ist auch das allgemeine Verständnis der deutschen Kultur. Hier zum Beispiel das typisch deutsche Restaurant »Mein Schloss« in Hamamatsu.*

# Where is the gun, ma?

Nachdem ich wider Erwarten das Rennen in Shuzenji abschließen konnte, ohne wegen mangelnder Schnelligkeit disqualifiziert zu werden, richtete ich meine Augen auf das nächste Rennen einige Wochen später im Cycle Sports Center (CSC) Gunma. Okay, also wo ist Gunma und vor allem: Was ist Gunma?

Gunma ist eine japanische Präfektur nördlich von Tokio und im Gegensatz zu Hamamatsu nicht wegen seiner Salzwasseraale bekannt. Eigentlich ist Gunma wegen gar nichts bekannt; ich kann mich wirklich an nichts erinnern, was ich jemals Gutes über Gunma gesehen oder gelesen hätte. Gunma ist eine der wenigen japanischen Präfekturen, die nicht am Meer liegen. Ach ja, und in Gunma wächst Konnyaku, eine Pflanze, aus der man Nahrungsmittel herstellt, die man hierzulande eher in Tubelessreifen füllen würde. Aber natürlich gibt es wie überall in Japan diese großartige Landschaft, heiße Quellen und einsame Straßen durch die Berge.

In jährlichen Umfragen über die Beliebtheit japanischer Präfekturen liegt Gunma regelmäßig auf den letzten Plätzen, das verbindet uns sportlich und macht die Präfektur etwas sympathischer. Gunma ist klassisches, konservatives Japan und leidet wie der Rest des Hinterlandes an Landflucht.

Einer meiner wenigen japanischen Freunde brachte mich einmal in ein Dorf, in dem er sich für fast kein Geld ein Haus gekauft hatte. Das Dorf lag idyllisch in den Bergen, ein kleiner Bach führte durch die Ansammlung reetgedeckter Holzhäuser, und im Hintergrund konnte man die schneebedeckten Berge der japanischen Alpen sehen. Ein Traum, bis ich die Schule erblickte, die völlig heruntergekommen, verschlossen und verriegelt war. Es gibt nichts Traurigeres als eine geschlossene Schule, finde ich, weil nun klar ist, dass hier keine Zukunft existieren wird. In dem Dorf wohnte niemand mehr, der jünger als 60 Jahre war, und ich könnte mir gut vorstellen, dass heute, 15 Jahre später, überhaupt niemand mehr dort lebt.

*In einem Dorf an der Küste der Noto-Halbinsel säumen alte Häuser die Durchgangsstraße. Das sieht schön aus, aber leider lebt hier fast niemand mehr.*

Es gibt viele verlassene Dörfer, geschlossene Fabriken und Minen oder aufgegebene Resorts in der Präfektur. Menschen sterben, ziehen in die Großstädte nach Tokio, Osaka und Nagoya. Kinder werden nur noch wenige geboren.

In japanischen Kleinstädten sind Einkaufsstraßen keine Seltenheit, deren Geschäfte seit Jahren nicht mehr geöffnet wurden. Die Rollläden sind geschlossen, die Neonlampen kaputt, und nur die Schilder über den Läden lassen erahnen, was hier einmal verkauft wurde. Interessant ist, dass es niemanden zu kümmern und es kein gesetzliches Mittel zu geben scheint, baufällige Häuser abzureißen oder sie für bessere Zwecke zu enteignen. Nicht nur das Land, auch die Städte sind voll von diesen Orten; manchmal kommt mir das vor wie eine moderne Version des antiken Roms, nur nicht aus Stein und Marmor, sondern aus Holz und Wellblech.

*Ein verlassenes Dorf in den Bergen Chichibus nördlich von Tokio. Es gehörte einst zu einer längst aufgegebenen Bergbaumine.*

Solche Orte sind in Japan gang und gäbe. Das beste Beispiel ist die Insel Gunkanjima (Hashima) im Meer vor Nagasaki. Hier lebten einst über 5.000 Menschen, um Kohle unter dem Meeresboden abzubauen, bis sich die Produktion nicht mehr lohnte. Seitdem ist die Insel unbewohnt, und die Gebäude und Anlagen verfallen. Aufgesucht wird der Ort nun von Filmproduktionen (als Kulisse für allerlei Bösewichter) – und von Touristen. Ähnlich skurril ist das »Glückskönigreich« in Hokkaido (das heißt wirklich so) mit dem maßstabsgetreuen Nachbau des Schlosses Bückeburg. Das Schloss wurde nach 14 Jahren allerdings wieder dichtgemacht.

200 Kilometer von Tokio entfernt, mitten im finstersten Gunma, liegt das CSC und sieht aus wie ein Vergnügungspark, der vor Jahren mangels Besucher geschlossen wurde. Ein Zombievergnügungspark – eigentlich tot, aber irgendwas bewegt sich noch. Das ist gruselig, und bald wird auch das CSC Gunma nicht mehr seine Tore für Besucher öffnen; deren Website hat bereits den Betrieb eingestellt. Das sind die ersten Zeichen. Also, als Kind hätte ich Angst, da reinzugehen, überall rostiger Stahl,

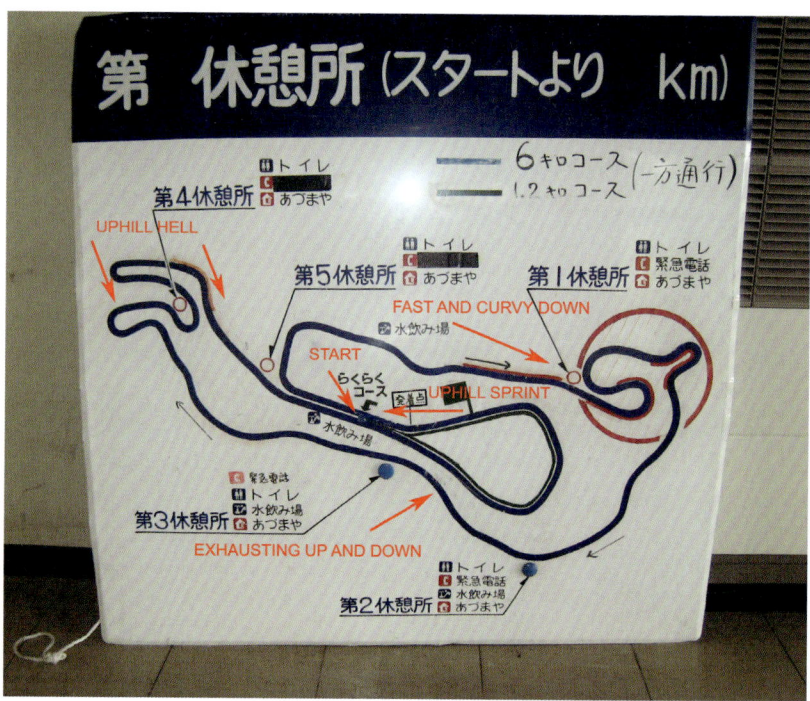

*So sah der Kurs im CSC Gunma aus. Der Berghorror kommt hier noch nicht rüber.*

abblätternde Wandfarbe und kaputte Fenster. Auch als Bauingenieur wird mir da ganz anders.

Als Rennradfahrer übrigens auch. Es gibt einen sechs Kilometer langen, abgesperrten Rundkurs mit 60 Höhenmetern nur für Radrennen, der in beiden Richtungen gefahren werden kann. Im Prinzip handelt es sich um eine Art Mini-Shuzenji, das für schwere Fahrer wie mich einfach nicht zu bestreiten ist. Ein großer Unterschied ist allerdings, dass Shuzenji eine sehr breite Fahrbahn aus gutem Asphalt im offenen Gelände aufweist, Gunma aber ist eher ein asphaltierter Wanderweg durch den Wald mit einer Oberfläche wie billiger Streuselkuchen vom Lidl. Es sieht so aus, als wäre das Geld ausgegangen und man hätte nur eine Spur der Fahrbahn bauen können. Während man in Shuzenji die Abfahrten schnell mit 70 bis 80 Sachen runterbrettern kann und sich dabei ausruht für den nächsten Anstieg, ist es in Gunma eng und gefährlich und mit einigen riskanten Bremsmanövern im Schattenspiel des Waldes verbunden. Natürlich ist es unmöglich, in den schmalen Abfahrten Positionen zu verbessern, Überholen gleicht Selbstmord.

Das Rennen war über fünf Runden, also 30 Kilometer, angesetzt. Entsprechend war es mein Ziel, vier Runden zu beenden, bevor mich das Feld einholt, und dann die letzte Runde gemütlich zu Ende zu fahren, so wie ein Rennen vorher in Shuzenji. Ich konnte mir also erlauben, 20 Prozent langsamer zu sein als das Feld – hey, in Shuzenji waren noch 33 Prozent langsamer okay gewesen, das wurde ja immer erbarmungsloser hier. Ich wusste aus dem Webarchiv des JCRC, dass die Sieger eine Durchschnittsgeschwindigkeit von etwa 36 km/h haben würden, also sollte ich mit 30 km/h hinkommen. Machte eine Rundenzeit von genau zehn Minuten, während die schnellen Jungs etwa 8:20 Minuten benötigen würden.

Das Rennen sollte an einem Sonntagmorgen in aller Frühe starten, und in Deutschland hätte ich mich einfach in das Auto gesetzt und wäre die 200 Kilometer in zwei Stunden dorthin gefahren. In Japan sind 200 Kilometer aber länger, vor allem wenn sie durch Tokio führen. Da braucht nur irgendetwas zu passieren, das man nicht auf dem Radar hat, etwa ein Baseballspiel, und zack, *Butterfly Effect*.

Für die, die das nicht kennen, das ist eine Umschreibung dafür, dass kleine Ereignisse am Ort A eventuell sehr große Ereignisse am Ort B nach sich ziehen. Also, wenn zum Beispiel ein Schmetterling 1965 im Dschungel des Amazonas mit seinen Flügeln schlägt, dann hat das (vielleicht) über eine ganze Kette von sich daraus ergebenden Ereignissen zur Folge, dass 21 Jahre später in der Ukraine ein Atomkraftwerk in die Luft fliegt und wiederum 36 Jahre später Matej Mohoric Mailand–Sanremo gewinnt. Derjenige, der die Idee hatte, machte sich nicht die Mühe, genau zu erklären, wie die Zusammenhänge sind, aber es könnte doch sein, oder?

In Japan ist der *Butterfly Effect* deutlich einfacher zu verstehen. Sagen wir mal, ein Taifun zieht über den Pazifik aus dem Süden in Richtung japanischer Küste und Japan Railways (JR) stellt daraufhin den Shinkansen-Schnellzugverkehr ein. Was ich immer als sehr unfair empfand, denn die Tatsache, dass es seit Inbetriebnahme des Shinkansen 1964 nur einen einzigen tödlichen Unfall damit gab, ist ja nicht zuletzt darauf zurückzuführen, dass JR diesen Zügen auch einfach keine Gelegenheit gibt, mal zu entgleisen oder auszurasten. Zugegebenermaßen müsste die Deutsche Bahn alle ICEs stilllegen, um den gleichen Sicherheitsstandard zu erreichen, aber trotzdem.

Also, es gibt dann immer Menschen, die denken »Och, der Taifun dreht bestimmt wieder ab und bläst nach Korea« oder »Das macht JR doch nie, den Zugverkehr lahmlegen«. Mit anderen Worten, Menschen, für die das Wort »Veränderung« den gleichen Charme hat wie »Lungenkrebs« oder »Lance Armstrong«, lassen sich auch von so etwas nicht beirren. Diese Menschen stehen dann in Massen an einem Bahnhof, und – Überraschung – kein Zug kommt, und zwar für sehr, sehr lange Zeit. Langsam werden diese Menschen hungrig und gehen zu den kleinen 24-Stunden-Supermärkten im Bahnhof und deren Umgebung, den sogenannten »Convenience Stores« oder »Conbini« auf Japanisch.

Ich kenne wirklich niemanden, der in Japan gelebt hat und der jemals wieder in seinem Leben auf einen Conbini verzichten möchte. Es ist mir unverständlich, warum es die nicht in Deutschland gibt, aber alles der Reihe nach.

Conbinis sind kleine Supermärkte auf etwa 50 bis 100 Quadratmeter Fläche, die fast keine Lagerräume besitzen, 24 Stunden lang offen sind und, ganz wichtig, zu großen Ketten gehören wie 7-Eleven, Lawson oder Family Mart. In den Conbinis bekommt man auf kleinster Fläche wirklich alles rund um die Uhr, was man für das Leben braucht. Das liegt daran, dass die Läden vernetzt sind und alle Verkäufe online zentral erfasst und analysiert werden. Die Zentrale weiß jederzeit und sofort, welcher Laden wo, zu welcher Jahres- und Uhrzeit mit welchen Produkten wie viel Umsatz macht, kann dies analysieren und das perfekte Sortiment zusammenstellen. Sind Artikel nicht erfolgreich, so fliegen sie sofort wieder raus. Ich behaupte mal hier, ich könnte zum Beispiel in einen Conbini gehen und an jedem Tag eines Jahres einen neuen Softdrink trinken, weil sich das Sortiment ständig ändert. Da es keine Lagerräume gibt, denn das kostet ja eh nur teure Miete, werden Conbinis bis zu vier Mal täglich aus den Distributionszentren mit neuer Ware versorgt. Das heißt, Sortimentsänderungen können unmittelbar umgesetzt werden, man wartet nicht, bis die Frachter aus China einen Monat später kommen und neue Ware bringen.

Gibt es zum Beispiel ein schreckliches Eisenbahnunglück und der Verkauf an schwarzen Krawatten steigt in den nächsten Tagen an, weil viele Menschen zur Beerdigung müssen, dann werden quasi über Nacht die dunkelblauen Krawatten für das Büro durch schwarze ersetzt. Am ehesten entsprechen noch deutsche Tankstellen mit REWE-Shop dieser Idee – nur halt ohne den nervigen und unprofitablen Verkauf von Benzin.

Sorry, ich bin gerade leicht von der DB-Trasse abgekommen, aber jetzt wieder zurück zum *Butterfly Effect* in Japan. Also, die wartenden Menschen auf den Bahnsteigen gehen jetzt alle in Conbinis und kaufen Sandwiches, Reiskugeln, Softdrinks und Unagi-Pai, weil der doofe Schnellzug nicht gekommen ist, konnte ja keiner ahnen. Und da in der Gegend um Tokio nun mal etwa 30 Millionen Menschen leben, von denen sich nun die konservativsten in den Conbinis an den Bahnhöfen befinden, ist ruckzuck alles leer gegessen. Klar, vier oder fünf Stunden später kommt dann wieder der Nachschub, aber jetzt ist erst einmal alles weg. Das in etwa ist ein einfach zu verstehender *Butterfly Effect*. Ein Taifun kommt, die Regale im Conbini sind leer.

Auf meinen Fall übertragen heißt das: In Tokio findet ein Baseballspiel statt, und ich werde nicht japanischer Meister. Also machte ich mich am Vorabend des Rennens auf, um in einer kleinen Stadt in einer schlimmen Klitsche zu übernachten, denn sonst hätte ich mir mein großes Ziel vielleicht abschminken können.

Diese Klitschen heißen in Japan »Business Hotels«, vermutlich deswegen, weil der, der sie betreibt, ein gutes Business macht, die, die darin absteigen, aber eher nicht. Sie zeichnen sich durch drei Dinge aus:

1. Sie sind in der Regel komplett sauber, steril und bar jeglicher unnützen Dinge.

2. Man kann dort schlafen, auf der Bettkante sitzen oder auf einem Stuhl an einem kleinen Tisch Platz nehmen, alle anderen Formen des Daseins sind aufgrund der minimalen Fläche unmöglich.

3. Irgendwo in einer Schublade liegt ein Buch von einer komischen Frau, die so aussieht, als wäre ihr ein Hövding-Airbag auf dem Kopf explodiert. Es beschreibt, wie toll sie ist und wie toll sie und ihr Mann sind.

Punkt 3 gilt ausschließlich für Hotels der APA-Gruppe.

Früh am nächsten Morgen machte ich mich dann auf den restlichen, kurzen Weg nach Gunma. Dort angekommen, schrieb ich mich ein und fuhr, weil ich zum ersten Mal dort war, den Kurs ab. Ui, das war ganz schön technisch.

Im Zombiepark sah ich die ersten bekannten Gesichter, mir fallen ja immer gleich Menschen auf, die irgendwie besonders gute oder besonders bescheuerte Räder fahren oder, was ich am besten finde, zu Übergewicht neigen, weil da weiß ich, dass ich eine Chance habe, die zu überholen. Und natürlich andere Ausländer, die fallen ja immer auf. In meiner Gruppe war tatsächlich ein Italiener, den ich allerdings noch nicht kannte.

Es wurde langsam wärmer, was gern zu Knalleffekten führt. Nervöse Rennfahrer neigen dazu, die Reifen mit maximalem Druck aufzupumpen, weil das ja noch ein Quäntchen weniger Rollwiderstand bringt. Wird am Morgen gepumpt, wenn es kalt ist und die Sonne herauskommt, erwärmt sich die Luft im Schlauch. Der Druck nimmt zu und, *knall!*, platzt der Schlauch. Das passiert quasi bei jedem Radrennen in Japan am Startblock, wenn man in der Sonne auf den Start wartet. Dann ist natürlich keine Zeit mehr, den Schlauch zu wechseln, und alles ist vorbei. Tschüss, Meisterschaft.

Während ich so vor mich hindachte, fiel auch schon der Startschuss, dieses Mal waren wir 37 Fahrer im D-Klassen-Feld. Nach dem Start ging es im neutralisierten Peloton unter der Führung eines Motorrades zunächst leicht bergauf und dann nach einer langgezogenen Linkskurve in die erste längere und technische Abfahrt. Das Motorrad setzte sich ab, und die Geschwindigkeit des Feldes nahm sofort zu. Ich war im hinteren Feld, weil ich die Strecke nicht gut kannte und bei der Abfahrt auch kein Risiko eingehen wollte. Außerdem bin ich auch kein guter Abfahrer, vor allem Rechtskurven kann ich so gar nicht, und hier gab es eine ganz fiese rechte Haarnadelkurve.

Ich weiß genau, woher ich diese Abneigung gegen Rechtskurven habe: In der sechsten Klasse bin ich mal im Winter mit meinem Rad zur Schule gefahren, damals lag in Mönchengladbach noch ab und an Schnee auf den Straßen. Ich bog rechts ab, rutschte weg und lag – *bums* – auf der Nase. Seitdem kann ich keine Rechtskurven mehr fahren.

Nach der Abfahrt begann der lange Anstieg, der immer wieder durch kurze flache Stücke unterbrochen wurde, um den Fahrern die Illusion zu geben, dass es bald vorbei sein würde. Ich fiel wie erwartet direkt aus dem Fahrerfeld heraus – übrigens auch als Einziger. Das Ende des Feldes verschwand vor mir im Wald, und ich konzentrierte mich darauf, im Rhythmus zu bleiben und einigermaßen schnell den Berg hochzukommen. Bei diesen Hobbyrennen stehen ja ausschließlich Frauen und Kinder der Fahrer am Streckenrand sowie die anderen Fahrer, die später in anderen, meist besseren Klassen starteten. Von Ersteren bekam ich ein paar aufmunternde Zurufe, von Letzteren spöttische Blicke.

Als ich nach der ersten Runde über die Ziellinie fuhr, war ich schon über der geplanten Zehn-Minuten-Rundenzeit, also sollte ich mehr treten. Aber vielleicht lag es auch an der neutralisierten Phase? Doch schon da hatte ich ja Mühe gehabt mitzukommen. Es kroch wieder Panik den Rücken hoch. In der zweiten Runde klappte die Abfahrt schon besser, weil die Strecke vor mir leer war; nur an die zehn Minuten kam ich wieder nicht ran. Ich musste die ganze Zeit alleine kämpfen, damit ich nicht überrundet werden würde. In der Zwischenzeit hatten mich bereits einige Felder von später gestarteten Rennklassen überholt, aber auch mit den Feldern der vermeintlich langsameren Rennklassen konnte ich nicht mithalten. Ich war jetzt in der fünften Runde und musste diese nur noch durchstehen, als ich am Anstieg das Geräusch eines Motorrades hinter mir hörte – das konnte nur die Führung des herannahenden D-Klassen-Feldes sein. Ich gab noch mal alles und rettete mich so gerade über die Linie, 20 Sekunden später kam das Feld. Das war echt knapp. Aber nun war auch mal gut, den Rest konnte ich chillig zu Ende fahren.

Ich wartete im Zielbereich, dass die Ergebnislisten ausgedruckt wurden. Dort gab es ein nettes Restaurant, das Turini heißt, ich nehme einmal an, dass das die Mehrzahl einer italienischen Stadt ist. Ich hätte jemanden fragen können, aber das Restaurant war seit Jahren geschlossen. Aber zumindest konnte man davorsitzen.

Also dann: Ich hatte es mal wieder geschafft, Letzter zu werden, und zwar mit ziemlich großem Abstand, sowohl zum Sieger als auch zum Hauptfeld. Während der Sieger nach etwa 50 Minuten im Ziel war, hatte ich mehr als eine Stunde gebraucht. Es gab tatsächlich noch jemanden, der nur 36 Sekunden schneller war als ich, den ich aber auf der Strecke nie gesehen hatte, aber sonst waren alle mindestens vier Minuten schneller. Mit diesem Ergebnis wäre ich übrigens nicht nur Letzter in der D-Klasse, sondern auch in allen anderen schlechteren Klassen E, F und X.

Aber ich hatte meine Punkte gesichert, und da nicht viele Fahrer in der D-Klasse bislang an allen drei Rennen teilgenommen hatten, arbeitete ich mich in der Gesamtwertung stetig nach vorne. Zufrieden fuhr ich nach Hause.

Dort fragte mich mein Sohn wieder, wievielter ich geworden wäre, und ich antwortete zu seiner Zufriedenheit: »Na klar, Letzter.«

# Vulkanausbruch auf Lummerland

Für das nächste Rennen hatte sich der JCRC etwas ganz Besonderes ausgedacht: einmal rund um einen aktiven Vulkan auf einer abgelegenen Insel – vorzugsweise mit aufgesetzten Gasmasken. Doch alles der Reihe nach.

Eigentlich war es auch nicht das nächste Rennen. Es gab noch eines auf einem flachen, einen Kilometer langen Kurs in der Nähe von Chiba, bei dem ich aus dem Hauptfeld herausfiel, aber trotzdem noch 15. von 22 Fahrern wurde. Ich kann mich wirklich gar nicht erinnern. Aber dann ging es gleich weiter auf die Insel.

Miyakejima gehört zu der Gruppe der Izu-Inseln und liegt etwa 180 Kilometer südlich von Tokio. Im Prinzip ist das keine Insel, sondern ein Vulkan im Meer, an dessen Küste sich Menschen angesiedelt haben, aus welchen unerfindlichen Gründen auch immer. Im letzten Jahrhundert kam es immer wieder zu Ausbrüchen, bei denen Lavaströme die Ortschaften zerstörten. Wer dann noch nicht tot war, den erwischten die giftigen Schwefelgase, die aus den unzähligen Spalten und Löchern auf der Insel wabern.

Der letzte große Ausbruch datiert aus dem Jahr 2000; damals wurden sämtliche Einwohner nach Tokio evakuiert, denn administrativ gehört die Insel zur japanischen Hauptstadt. Das ist in etwa so, als wenn ein Erdrutsch droht, ein Dorf in den bayrischen Alpen zu zerstören, und alle Einwohner werden nach Berlin-Kreuzberg evakuiert, wo sie dann die nächsten fünf Jahre verbringen müssen. 2005 durften die Einwohner wieder zurück nach Miyakejima.

Es ist schwierig, einen Ort zu finden, der sich dermaßen schlecht für ein Radrennen eignet, genauso gut könnte man eine Fußball-WM in der Wüste durchführen.

Für mich war das allerdings ein echter Glücksfall, denn es sollte nicht nur ein Wertungsrennen auf Miyakejima stattfinden, sondern sogar zwei: ein Bergrennen und ein normales Rennen auf einem Rundkurs. Da ich davon ausging, dass nicht viele Konkurrenten Lust hatten, ein ganzes Wochenende auf der Fähre hin und zurück zu den Ufern eines brodelnden Vulkans zu verbringen, rechnete ich mir gute Chancen aus, auch mit zwei letzten Plätzen ganz nach vorne in der Gesamtwertung zu kommen.

Die Fähre verließ Tokio Freitagnacht, und mit Juliane, david und Stephen hatte ich lustige Begleitung dabei. So lustig, dass wir die halbe Nacht mit viel Alkohol draußen auf dem Schiff verbracht hatten und die andere Hälfte in halbverrenkten Stellungen auf dem Vinylboden der unteren Klassen. Als wir morgens aufwachten, sahen wir die Insel am Horizont, und als wir näher kamen, hatten wir gleich diesen beißenden Schwefelgestank in der Nase, der uns den Rest des Wochenendes begleiten

*Miyakejima begrüßte uns bei der Ankunft mit Rauch und Schwefelgeruch.*

sollte. Mittlerweile ging die Besatzung herum und verteilte Gasmasken, die wir doch bitte zu unserer eigenen Sicherheit auf der Insel immer dabeihaben sollten.

Der Hafen war von den Lavaströmen des 2000er-Ausbruches zerstört worden, die Anlagen waren noch in Betrieb, aber hier lebte keiner mehr. Was bekommt man für einen Eindruck von einem Ort, der aus zerstörten und zerfallenen Häusern besteht, menschenleer ist, stark nach Schwefel riecht und den man nur mit einer Gasmaske in der Tasche betreten darf? Das war wie eine dystopische Vision Japans; Japaner haben ohnehin diese tiefsitzende Angst, dass ihre Hauptinseln irgendwann einmal plötzlich mit einem »blub« im Pazifik versinken.

Ein Bus brachte uns zu unserer Pension, einem kleinen Holzhaus in der Nähe von Start und Ziel. Die Pension hatte bessere Tage gesehen und war ziemlich runtergekommen. Als wir in unser Zimmer kamen, schlug uns ein penetranter Gestank von Schimmel entgegen, also rissen wir schnell die Fenster auf. Sofort kam uns der beißende Mief von Schwefel entgegen – na schön, dann blieben die Fenster eben doch zu. Wir legten uns hin und machten uns dann auf den Weg zum Strand. Dieser Strand war anders als alle anderen Strände, die ich bis jetzt gesehen hatte, denn er bestand ausschließlich aus mittelgroßen, pechschwarzen Kieselsteinen. Das half dabei, unseren schlechten Eindruck zu mindern, und wir pennten und planschten vor uns hin. Das Meer war warm genug für Briten, Iren, Deutsche und Ostdeutsche.

Eigentlich hatten wir geplant, alle vier an dem Bergrennen teilzunehmen, aber Juliane und david zogen es vor, am Strand zu bleiben, und so machten Stephen und ich uns auf den Weg zum Start. Ich war sehr froh, dass Stephen dabei war, denn ich wusste, dass er am Berg noch langsamer war als ich, und da wir in der gleichen D-Klasse starten würden, gab er mir die Möglichkeit, nicht auf dem letzten Platz zu landen.

Das Bergrennen verlief über 3,6 Kilometer und eine Höhendifferenz von 150 Metern. Der erste Kilometer war sehr flach, und danach ging es mit relativ konstanter Steigung von fünf bis zehn Prozent hoch bis zum Ziel, inklusive einiger kurzer, flacher Stücke. Da wir ja den halben Tag am Strand verpennt hatten, konnte ich den Kurs vorher nicht abfahren. Ich hatte also keine Ahnung, nach welcher Kurve das Ziel lag, keinen Schimmer, wann ich alles geben musste, und im Allgemeinen sowieso noch zu viel Alkohol im Blut.

*Juliane, Stephen, david und ich nahmen uns vor dem Rennen viel Zeit, die Insel und ihre versteckten Schönheiten zu erkunden. Also das, was von der Insel noch übrig geblieben und nicht unter einer dicken Schicht Lava verschwunden war.*

Mittlerweile war ich gar nicht mehr so schlecht in Form. Juliane, david, David und ich waren einen Monat vorher das Tokio–Itoigawa-Rennen gefahren, über 300 Kilometer und die japanischen Alpen vom Pazifik zum japanischen Meer. Und ich war sehr viel in den Bergen jenseits von Tokio unterwegs gewesen, so dass mein Selbstbewusstsein doch merklich gestiegen war. Natürlich war ich immer noch nicht schnell, aber eben schneller als einige andere. An sich war es wie in diesem alten Radfahrerwitz, wo zwei Radfahrer einen Berg runterfahren und plötzlich sehen, dass von unten ein Grizzlybär auf sie zugerannt kommt. Der eine dreht um und will den Berg hochfahren, und der andere schreit: »Glaubst du echt, dass du schneller bist als der Bär?« Und der zweite antwortet: »Nein, aber schneller als du.«

In der D-Klasse waren außer Stephen und mir noch sieben weitere Fahrer angetreten – das garantierte eine Top-Ten-Platzierung, und überrundet konnte ich auch nicht werden! Das Rennen wurde als Einzelzeitfahren ausgetragen; ich startete als Erster direkt nach dem letzten Fahrer der C-Klasse, dann folgten die weiteren Fahrer der D-Klasse in Abständen von 15 Sekunden mit Stephen als Letztem in der Klasse.

Hoch motiviert fuhr ich los, und auf dem ersten geraden Stück konnte ich fast an den letzten Starter der C-Klasse heranfahren, der 15 Sekunden vor mir losgefahren war. Ich fühlte mich sooooo gut, ja, so musste ein Bergrennen sein!

Sobald der Anstieg begann, wurde ich unglücklicherweise doch sehr schnell sehr viel langsamer, und innerhalb von Sekunden verlor ich den Fahrer vor mir aus den Augen. Der Anstieg war jetzt bei fast zehn Prozent, und ich hatte mich euphorisiert auf dem ersten Stück völlig verausgabt, was sich nun rächte. Zum Glück kam bald wieder ein flaches Stück, und der Rest bis zum Ziel war nicht ganz so steil, vielleicht fünf Prozent. Aber immerhin, ich wurde nur von einem einzigen Fahrer überholt, und nach einer sehr engen Kurve kam dann auch schon das Ziel. Hätte ich das gewusst, hätte ich mich noch mal richtig angestrengt, aber so fuhr ich einfach nur locker über die Linie.

Ich wartete an der letzten Kurve auf Stephen, der zwei Minuten hinter mir gestartet war, um ihn richtig anzufeuern. Und nachdem auch alle anderen 110 Fahrer oben waren, kamen auch Juliane und david nach. Jetzt war ich doch einmal gespannt, wievielter ich geworden war, und wollte unbedingt zum Start fahren, um mir die Ergebnisse anzusehen. Dummerweise war es aber so, dass selbst auf der kleinsten japanischen Insel auch unmittelbar vor Untergang und völliger Vernichtung immer noch bitte schön Gesetz und Ordnung gelten. Durchgesetzt wurden diese von einer Gruppe wirklich unfreundlicher Polizisten, die die Fahrer mit gezogenem Schlagstock in Schach hielten und zwangen, in einer geschlossenen

Gruppe wieder ins Tal zu fahren. Das japanische Wort für Schlagstock ist übrigens »*Gebarutobo*«, das leitet sich ab aus dem deutschen Wort »Gewalt« und dem japanischen »*Bo*« für Stock.

Juliane, die deutlich mehr Erfahrung im Umgang mit unerfreulichen Autoritäten hat als wir alle zusammen, ließ die Luft aus ihrem Reifen, täuschte einen Platten vor, und so konnten wir dann doch fahren, wann wir wollten. In aller Ruhe pumpten wir den Schlauch auf, und als gute Japaner, und um nicht den Zorn der lokalen Gottheiten auf uns zu ziehen, murmelten wir dabei Dinge wie »Danke, kleiner Schlauch, dass du so lange die Luft gehalten hast« und ähnlich Beruhigendes.

*Zum Rennen auf Miyakejima hatte ich Stephen (links) mitgenommen, damit ich einmal nicht Letzter werden würde.*

Endlich unten angekommen, schaute ich auf die Ergebnisse: Hm, das war ja gar nicht so übel. Von 110 Fahrern, die teilgenommen hatten, war ich insgesamt auf Platz 77 gelandet. In der D-Klasse allerdings war ich Vorletzter, da hatte ich mich auf Stephen verlassen können.

Okay, wir hatten also trotz Lavaströmen und giftigen Gasen ausgeharrt, und jetzt sollte das Unterhaltungsprogramm kommen. Der JCRC organisiert nämlich bei seinen Rennen ein Programm, bei dem mehr oder minder unbekannte oder nicht mehr bekannte »Talentos« auftreten. Talentos sind Menschen, die angeblich irgendein Talent haben, und wenn auch nur das, bekannt zu sein; entsprechend dem B-Promi in Deutschland. Mein Gott, was musste ich mir da alles ansehen bei den vielen JCRC-Rennen! Höhepunkt jemals war Fuko, ein japanisches Model mit einer riesigen Oberweite. In Japan werden BHs in Körbchengrößen angegeben, die meisten Japanerinnen bewegen sich da, nach Angaben meiner Frau, im Bereich A oder B. Fuko allerdings hatte P, entsprechend 120 Zentimetern. Als sie mir bei einem Rennen im Vorjahr die Urkunde zu meinem sechsten Platz überreichte, konnte ich diese nur tief verbeugt und mit weit ausgestreckten Armen entgegennehmen, ohne sie zu berühren.

Naturgemäß gibt es nicht genug Talentos, die so verzweifelt sind, dass sie das Risiko eingehen, während ihres Auftritts von einem siedenden Lavastrom hinweggerissen zu werden, und so beschränkte sich das Programm auf einen japanischen Schlagersänger namens Nishikino Akira, ein Comedy-Duo namens 360° Monkeys und ein Mädchenduo aus dem Bereich der Körbchengrößen A bzw. B. Wir machten uns daher auf in unser Hotel Schimmelprinz, wo zu unserer großen Überraschung Reis und Fisch serviert wurden. Um ehrlich zu sein, war die Überraschung doch nicht sooo groß.

Besuch aus Deutschland findet Reis und Fisch, insbesondere zum Frühstück, eher merkwürdig. Die typische Reaktion ist dann: »Oh, Fisch zum Frühstück, mal was anderes.« Und am zweiten Tag: »Gibt's in der Nähe einen McDonald's?«, und schließlich am dritten und allen folgenden Tagen: »Schon wieder Fisch? Mir reicht's!«

Nach Reis und Fisch ging es in eine japanische Snackbar, denn selbst auf einer Insel mit 2.500 Einwohnern gibt es mindestens vier Snackbars. Ich schreibe hier bewusst »japanische Snackbar«, denn in einer japanischen Snackbar gibt es mitnichten etwas zu essen, sieht man einmal von dem Schälchen Erdnüssen auf dem Cocktailtisch vor einem ab, die unter den Begriff »*Table charge*« fallen. In Snackbars setzen sich meist ältere Frauen zu einem an den Tisch, tätscheln einem die Knie, zünden Zigaretten an und hören geduldig zu, wenn langatmig über Leben und Schicksal geredet wird. Dazu gibt es Whiskey und Karaoke, und nach ein paar Stunden und mit etlichen Yen weniger geht man gestärkt wieder zurück ins richtige Leben und packt sein Schicksal an. So ging es auch uns bis tief in die Nacht.

Am nächsten Morgen hatten wir eine dicke Birne und wachten gerade noch rechtzeitig auf, um zum Start zu fahren und uns den 2,5 Kilometer langen Rundkurs anzusehen, den wir insgesamt acht Mal absolvieren sollten. Mein Gott, der war ja auch wieder so unangenehm hügelig! Damit hatte ich nicht gerechnet. Und während wir am Abend vorher Pläne geschmiedet hatten, wie und wann wir aus dem Feld ausbrechen würden, um uns den Sieg zu sichern, ging es jetzt darum, wie wir wenigstens unsere Gesichter wahren könnten. Stephen, david und ich fuhren ja gemeinsam in der D-Klasse, und wir hatten die großartige Idee, nach der siebten Runde die Hände am Zielstrich hochzureißen, uns von Juliane gratulieren zu lassen und dann Knall auf Fall zu verschwinden.

Wie so oft kam uns das gütige Schicksal zur Hilfe: Die Stationen auf der Insel hatten eine erhöhte Konzentration von Schwefeldioxid gemessen, so dass es nicht mehr sicher war, sich draußen ohne Gasmaske zu bewegen. In der Konsequenz wurde das Rennen abgesagt. Wie genial war das denn?! Ohne zu fahren bekam ich die Punkte für das Rennen geschenkt!

Wir setzen unsere Gasmasken auf und machten uns daran, Fauna und Flora der Insel zu erkunden. Auf unseren Rädern fuhren wir eine 32-Kilometer-Runde rund um die ganze Insel, sprangen noch mal in die heißen Quellen und machten uns dann auf zum Hafen, wo unsere Fähre zurück nach Tokio bereits wartete.

*Wegen giftiger Gase wurde das Rennen am Morgen abgesagt. Zum Glück waren wir bestens für das Überleben vorbereitet.*

Ich muss sagen, die Abfahrt nahm mich doch sehr mit: Lange, bunte Bänder wurden vom Schiff in Richtung Mole geworfen, und die Einheimischen, die zur Abfahrt gekommen waren, hielten diese fest, bis sich das Schiff so weit entfernte, dass sie rissen. Von Mole und Schiff wurde aufs Heftigste gewunken, und sogar die Polizei hatte sich eingefunden und winkte sanft mit ihren Schlagstöcken im Abendwind. Die Nacht verbrachten wir wieder auf dem Deck, und als wir am frühen Morgen in Tokio ankamen, hatte sich unser Eindruck von Miyakejima doch erheblich geändert. Als wir zwei Tage vorher ankamen, fürchteten wir, dass eine Gruppe von Zombies unseren Bus stoppen würde oder wir von gigantischen Mango-Schildkröten gejagt werden. Aber als wir abfuhren, hatten wir nur noch Respekt für die Insel und ihre Einwohner, deren Schicksal von den Naturelementen bestimmt wird. Es ist kein einfaches Leben auf Miyakejima, und wir hatten mal wieder eine Menge netter Menschen kennengelernt. Die Erinnerung daran ist immer noch da, auch wenn der Geruch von Schimmel und Schwefeldioxid längst vom Seewind weggeblasen wurde.

Bunte Bänder wurden geworfen, und selbst die bösen Polizisten winkten, als unsere Fähre im Hafen von Miyakejima ablegte.

# Die elliptische Tretmühle in Hitachi-Naka

Um Radsportlern auch mal die Gelegenheit zu geben an Rennen teilzunehmen, veranstaltete der JCRC das nächste Rennen nicht auf einer dampfenden Vulkaninsel, sondern auf einer Autoteststrecke in Hitachi-Naka, etwa 140 Kilometer nördlich von Tokio.

Hitachi-Naka ist übrigens nach dem Unternehmen Hitachi benannt, oder umgekehrt. Genauso übrigens auch die nächste Stadt Hitachi. Viel los ist da nicht, es gibt schönere Gegenden in Japan. Ich würde mal sagen: Gunma mit weniger Natur und mehr Menschen.

Der Kurs befindet sich auf dem Gelände des Japan Safe Driving Center. Sicheres Fahren nimmt in der öffentlichen Wahrnehmung in Japan einen besonderen Stellenwert ein. So muss zum Beispiel der Führerschein alle drei Jahre bei Verkehrsverstößen verlängert werden, bzw. alle fünf Jahre, wenn eben keine angefallen sind. Dazu ist es notwendig, zum Führerscheincenter zu gehen und eine Schulung über sich ergehen zu lassen. Bei mir bestand diese Schulung unter anderem darin, dass ich mir zusammen mit vielen anderen Japanern einen Film ansehen musste: *Mörder ohne Absicht*.

In dem Film geht es um einen Monteur, der Klimaanlagen repariert und der auf einer Firmenparty gut einen pichelt. Dort ruft ihn sein Chef an und bittet ihn, zu einem Kunden zu fahren, um eine Anlage zu reparieren, was er dann nach einiger Diskussion auch tut. Man sieht ihn dann im Auto auf einer einsamen Straße.

Schnitt.

Eine Großmutter und ihre Enkelin kommen gut gelaunt und lachend von einer japanischen Kirmes zurück und gehen eine einsame Straße lang.
Schnitt.
Ist schon klar, was folgt, oder? Jedenfalls verliert der Typ dann seine Arbeit, und seine Familie mit den beiden Kindern muss aus ihrem schönen, westlichen Haus in eine japanische Bruchbude an einer Bahnlinie ziehen. Bruchbuden in japanischen Filmen liegen immer in der Nähe von Bahnschranken und werden dramatisch durch das Gebimmel dieser eingeläutet. Der Monteur will sich bei den Eltern des verstorbenen Kindes entschuldigen, doch die schreien ihn nur an: »Gib uns unsere Tochter zurück!« Er muss ins Gefängnis, seine Frau arbeitet Tag und Nacht auf einer Baustelle, um die Kinder durchzubekommen. Man sieht sie mit den Worten »Ich bin so müde« auf einen beschrankten Bahnübergang zugehen, es folgt das Bremsgeräusch eines Zuges.
Schnitt.
Von da an geht es bergab. Klar, wir sind schon ganz unten im Tal, aber jetzt geht es ab in den Mariannengraben. Am Ende des Filmes sieht man den Mann im Regen auf den Stufen vor dem Haus des getöteten Mädchens, er bollert an die Tür und schreit: »Verzeiht mir! Verzeiht mir!«, doch keiner macht ihm auf. Die Kamera macht dann einen großen Schwenk auf die Hochstraße, auf der viele Autos fahren, und die Message für diejenigen, die es immer noch nicht kapiert haben, ist: »Siehst du, da fährst du in deinem Auto, aber wenn du nicht aufpasst, dann bist du ruckzuck im Regen vor der Tür und bettelst um Verzeihung!«
Ich bin zwar Ingenieur und baue Staudämme, die 180.000 Menschen das Zuhause zerstören, aber trotzdem nicht ohne Mitgefühl. Doch diese Story war so dramatisch überzogen, dass ich sie in diesem Moment nicht ernstnehmen konnte und ab und zu schmunzelte.
Die meisten Männer neben mir pennten, einige Frauen standen kurz vor einem Weinkrampf. Als ich mich danach jedoch ins Auto setzte und nach Hause fuhr, war ich immer noch so stark unter dem Einfluss dieses Filmes, dass ich kaum schneller fuhr, als Fußgänger laufen, und ständig nach links und rechts schaute. Mann, hatte ich einen Schiss, unglaublich. Zum Glück

war dieses Gefühl nach ein paar Tagen wieder weg, ich raste todesmutig mit meinem Rad und baute darauf, dass andere Verkehrsteilnehmer den gleichen Film gesehen hatten.

Aber zurück nach Hitachi-Naka: Die Strecke dort besteht aus einem fünf Kilometer langen Oval mit breiter Fahrbahn und ohne irgendwelche Anstiege. Mit anderen Worten, es geht immer nur geradeaus oder ganz leicht links in die Kurve, es gibt null Höhenmeter, die Fahrbahn ist breit genug, um allen und jedem ausweichen zu können, und der Belag ist perfekt: also der ideale Kurs für schwere Fahrer ohne gute Fahrtechnik so wie mich. Im Prinzip war das ein NASCAR-Kurs, und das Rennen selber sollte auch nur sechs Runden oder 30 Kilometer dauern.

*2007 konnte ich mich in Hitachi-Naka durch einen sechsten Platz für die D-Klasse qualifizieren. Selbstbewusst nahm ich als letzter Sportler der DDR meinen Preis von P-Cup-Idol Fuko (rechts, im weißen T-Shirt) entgegen.*

Entsprechend erfolgreich war ich bislang auch bei Rennen auf diesem Kurs gewesen. Im Jahr zuvor hatte ich mein bestes Resultat jemals erreicht: einen sechsten Platz, der mich dann auf das Podium und in die D-Klasse brachte. Ja, in Japan geht das Podium nicht nur bis zum dritten, sondern bis zum sechsten Platz, weil es mehr Menschen glücklich macht. Und dann war da auch noch P-Cup-Talento Fuko und überreichte mir meine Urkunde – ich fühlte mich in meiner schicken DDR-Trainingsjacke auf dem Höhepunkt meiner Radfahrkarriere, als Fuko auf mich zukam; das Gesicht etwa einen halben Meter hinter den Vorboten ihres Körpers in Brusthöhe.

Auch die anderen Resultate dort waren nicht schlecht, selbst wenn sich das nicht in Podiumsplätzen ausdrücken lässt. Aber in der Regel kam ich immer weniger als eine halbe Minute hinter dem Sieger ins Ziel, sogar auf einem 160-Kilometer-Langstreckenrennen, das mit einem Schnitt von fast 40 km/h endete. Ich war also vorsichtig optimistisch, dass ich hier etwas reißen könnte.

*Das Podium 2007 in Hitachi-Naka – ein Podium in Japan geht bis Platz sechs. In der Mitte Alain, der das Rennen gewann. Rechts P-Cup-Idol Fuko.*

Der Samstag vor dem Rennen war ein wunderschöner Frühlingstag, und ich hätte jede Menge Spaß auf dem Rad haben können, aber ich wollte mich ja für das Rennen am Sonntag schonen. Als ich morgens um halb fünf aufwachte, regnete es allerdings und das setzte sich dann die zwei Stunden fort, die ich mit dem Dienst-BMW nach Hitachi-Naka brauchte. Ich kam an, lief durch den Regen zur Registrierung, sagte hallo zu einigen Menschen, die ich kannte, und hätte jetzt eine Erkundungsrunde zum Aufwärmen fahren sollen. Aber ich kannte den Kurs, und so legte ich mich noch einmal eine halbe Stunde ins Auto und schlief.

Ich wachte auf, als Alain und Jacques aus meinem Team NFCC an die Tür klopften. NFCC ist die Abkürzung für Nippon French Cycling Club, die Mitglieder waren fast alle Franzosen, bis auf einige Japaner. Ich war durch einen wilden Zufall dort gelandet. Zuerst wollten die mich nicht aufnehmen, da ich weder Franzose noch Japaner war, aber andererseits fuhr dort auch Tom, der aus Belgien kam, und ich konnte mit meinem Argument punkten: »Ich komme aus dem Rheinland, wir waren sehr oft von den Franzosen besetzt – zu vielen anderen Zeitpunkten in der Geschichte wäre ich jetzt Franzose.« Ja, im Rheinland benutzen wir viele französische Ausdrücke wie »Mach keine Fisimatenten!«, was angeblich aus der napoleonischen Zeit stammt, als französische Offiziere rheinische Mädels mit den Worten »*Visitez ma tente!*« zu einem Date in ihren Zelten einluden.

Der NFCC hatte große Ambitionen in diesem Jahr und bestand zur einen Hälfte aus Franzosen und anderen Ausländern, die zu einem anderen geschichtlichen Zeitpunkt Franzosen geworden wären, und zur anderen aus Japanern. Wie bei mir waren die Ambitionen aber weitaus größer als das, was die Mitglieder zu bieten hatten. Wir schafften es nie, mit mehr als zwei, drei Fahrern bei einem Rennen zu starten, waren schlecht organisiert und hatten keine Strategie. Neben Tom aus Belgien, den ich schon ein paar Jahre kannte und mit dem ich immer wieder gerne in die Berge gefahren war, waren auch noch Jerome, Alain und Jacques dabei.

Alain ist der unglaublichste Radfahrer, den ich je kennengelernt habe, Jacques hingegen komplett verrückt, wie die meisten Franzosen, die ich kennenlernen durfte. Alain war in seiner Jugend französischer Studentenmeister; er hat nicht nur sehr gute Beine, sondern auch eine exzellente Technik. So ist er zum Beispiel in der Lage, sich innerhalb von 15 Sekunden nach dem Start in einem dichtgedrängten Feld mit der Kraft seiner Ellenbogen von der letzten in die erste Reihe zu fahren. Ich habe das ein paar Mal gesehen, und es ist wirklich erstaunlich, wie subtil und wenig gewaltsam er das kann. Alain hatte mal versucht, mir das beizubringen, aber mir fehlt einfach die filigrane Beiläufigkeit in der Durchführung, so dass mir schon ein paar Mal Prügel angedroht wurden, als ich das ausprobierte.

*Zusammen mit dem unvergleichlichen Jacques im NFCC-Teamtrikot. Wenn er überhaupt so heißt, sein wahrer Name ist vermutlich geheim. Irgendwo am Körper trug er immer ein Klappmesser.*

Alain hat auch ein sehr gutes Gefühl für den Zielsprint, weshalb es eine sichere Sache ist, die letzten hundert Meter an seinem Hinterrad zu kleben.

Jacques hingegen arbeitete als Personenschützer in der französischen Botschaft in Tokio und sah aus, als wenn er gerade zurück von einem Einsatz im Irak kam. Er hatte jede Menge Tätowierungen, ein Bowiemesser in der rechten Socke stecken und sprach weder Englisch noch Japanisch; es fehlte nur noch eine Augenklappe und er hätte bei *Die Hard* mitspielen können. Jacques sah so aus, als wenn man sich besser nicht mit ihm anlegt, und deshalb kam er auch mit jedem Scheiß in Japan durch. Einmal drehte er sein Rad mitten im Feld kurz vor dem Start des Rennens um, setzte sich drauf, drehte an einem imaginären Lenkergasgriff und machte laute Geräusche: »Brumm Bruuummmm«.

Ein andermal fuhren wir gemeinsam mit der NFCC-Trainingsgruppe in die Berge. Die Gruppe hatte uns beide abgehängt, da wir mit Abstand die größten und schwersten Fahrer waren. An einem Anstieg überholten wir eine Frau auf einem Rad, und Jacques fuhr vor mir, so dass ich mitbekam, wie er sich auf gleicher Höhe zu ihr umdrehte und sie, wenn auch nett, anschrie: »DAIIIIIJOOOUUUBUUU?« Was etwa so viel heißt wie »Alles in Ordnung?«.

Die Frau fiel zunächst fast vor Angst vom Rad, stellte jegliches Treten ein, zitterte und stürzte dann, weil sie ja nicht mehr fuhr, letztendlich seitwärts vom Rad. Kurz gesagt, Jacques war verrückt und kam damit durch. Und Rad fahren konnte er auch nicht. Jacques hielt einfach weder Linie noch Tempo, so dass es lebensgefährlich war, hinter oder neben ihm zu fahren. Andererseits war er sympathisch, und es war *immer* lustig mit ihm zusammen.

Aus der japanischen Hälfte des Teams hatte ich am meisten mit Goro-San zu tun, der ein wirklich schneller Fahrer war. Zu ihm komme ich später noch.

Nach einem Jahr war es dann aber auch wieder vorbei mit dem Team NFCC. Das hängt auch damit zusammen, dass die Halbwertszeit von Ausländern in Japan vielleicht drei Jahre beträgt: Danach geht es bei den meisten Jobs weiter in das nächste Land oder zurück in die Heimat. Und so hatte ich nach zehn Jahren in Japan viele ausländische Freunde gewonnen – und wieder verloren.

*In Japan lernt man schnell viele nette Ausländer kennen. Und verliert sie oft auch wieder schnell aus den Augen: ich mit Marek (Ost-D), david (UK) und Jerome (F) (v.r.n.l.).*

Zurück nach Hitachi-Naka: Nachdem wir uns mit unseren Rädern auf den Weg zur Strecke gemacht hatten, fuhren wir im strömenden Regen zwei Runden, um uns aufzuwärmen, damit wir nicht so lange nass und kalt am Start stehen mussten, wo bereits die meisten der anderen 53 Fahrer nervös auf uns warteten.

Schon vor dem Startschuss waren wir komplett durchnässt. Dann ging es endlich los, so dass mir langsam wieder warm wurde. Am Start bin ich immer extra nervös, aber sobald das Rennen beginnt, übernimmt das Adrenalin und ich kann mich gut konzentrieren, maximale Kraft herauszuhauen. Was bei den Hobbyrennen ja auch notwendig ist, denn im Gegensatz zu Profirennen, wo die Kraft eingeteilt wird, um vielleicht einen Ausreißversuch zu wagen oder beim Zielsprint noch genügend Power zu haben, verhält es sich bei den meisten Hobbyrennen so, dass am Start alles, wirklich alles gegeben wird, so lange wie es möglich ist. Mit dem Ergebnis, dass viele Teilnehmer nach den anfänglichen Strapazen das Rennen ebenso erschöpft wie unambitioniert zu Ende fahren.

Ich konnte dem Tempo des Feldes gut folgen und versuchte, möglichst kräfteschonend und risikoarm im vorderen Drittel mitzufahren. Das Tempo variierte ein wenig, lag aber im Mittel bei etwa 40 km/h. Normalerweise möchte ich im Rennen in Kurven weit innen fahren, denn wenn es in der Kurve jemanden umhaut, wird der durch die Zentrifugalkraft nach außen beschleunigt und räumt weitere Fahrer ab, die weiter außen fahren. Hier gab es aber praktisch keine Kurven, so dass ich mich möglichst an den Rändern des Feldes bewegen wollte, damit ich bei einem Crash schnell ausweichen oder ab und zu mal mit einem Zwischensprint Positionen aufholen konnte.

Nach der zweiten Runde fuhr ich vorneweg über den Zielstrich. Ich mache das ganz gerne, weil es meine Kinder glücklich stimmt, wenn ich wenigstens einmal vorne bin, aber irgendwie war das ja auch unnötig, da meine Familie gar nicht dabei war. Also ließ ich mich wieder im Feld zurückfallen, in dem sich immer noch mehr als 50 Fahrer befanden. Dabei überholte mich Jacques, der sich an die Spitze des Feldes gesetzt hatte. Er fuhr wild von rechts nach links über die gesamte Breite der Fahrbahn, so als ob er imaginären Hindernissen ausweichen müsste, und das Feld folgte seinen Schlangenlinien, was alle im Regen noch einmal einen Ticken nervöser machte. Alain hielt sich wie immer bedeckt im Feld und sparte seine Kräfte für den Schlusssprint auf. Ich hatte mittlerweile auf die harte Weise gelernt, dass man seinen Sprint erst 200 Meter vor dem Ziel anzieht. Bei meinen ersten Rennen war ich noch einen Kilometer vor dem Ziel losgehechelt, weil ich in dem irrsinnigen Glauben war, ich könnte 90 Sekunden mit extrem hoher Leistung fahren. Natürlich geht das nicht. Auch

500 Meter gingen nicht, und Alain machte mich schließlich darauf aufmerksam, dass 200 Meter bei flacher Strecke das Optimum sind.

Die nächsten Runden passierte nichts, ich kam gut mit und fühlte mich nicht besonders erschöpft, als nach der fünften Runde die Glocke für die letzte geläutet wurde. Sofort ging das Tempo einen Schlag höher, und das Feld wurde nervöser. Fahrer überholten rechts und links und versuchten, sich in eine gute Position für den Sprint zu bringen, es wurde viel rumgeschrien und geflucht. Etwa drei Kilometer vor dem Ziel hörte ich direkt vor mir das Geräusch eines Sturzes. Das Peloton war sehr dicht, es regnete immer noch, weshalb ich nicht genau sehen konnte, was vor sich ging, aber das Geräusch von sich aufreibendem Carbon, Lycra und Haut auf Asphalt ist eindeutig. Instinktiv wich ich scharf nach außen aus, und zwar so weit, dass ich auf dem Gras neben der Strecke landete und alle Geschwindigkeit verlor. Der Sturz hatte sich etwa in der Mitte des Feldes abgespielt, und so war das unbetroffene vordere Drittel schon ein ganzes Stück weit weg. Zum Glück überlegte ich nicht lange, trat so gut wie es ging in die Pedale und konnte die Lücke zum Feld wieder schließen. In meinem Sog konnten dann auch einige Fahrer hinter mir wieder Anschluss finden.

Jacques war nicht dabei. Er hatte nach wie vor Spaß daran, das Peloton durch sein Zickzackfahren über die gesamte Breite der Straße zu verwirren und dafür zu sorgen, dass Japaner ihr Vorurteil bestätigt fanden, dass das Verhalten von Ausländern einfach nicht zu verstehen ist.

Zum Glück war das Feld nicht allzu schnell, sonst hätte ich ja auch nicht den Anschluss geschafft, und das gab mir die Möglichkeit, mich ein wenig zu erholen. Etwas vor mir sah ich Alain, und ich hängte mich an sein Hinterrad. Alain orientierte sich in die Mitte des Feldes, dort wurde es aber immer voller, und am Ende musste ich sogar bremsen, damit ich nicht auf Alain auffuhr. Aus irgendwelchen Gründen sprintete Alain nicht, und ich blieb hinter ihm, bis uns die Strecke ausging und wir über die Ziellinie rollten.

Das Ergebnis war dann auch nicht so toll, ich hatte das Gefühl, dass hier mehr drin gewesen wäre: Alain wurde 29., ich wurde 31., und Jacques endete auf Platz 49. Von den 56 gestarteten Fahrern kamen 53 ins Ziel, davon 47 innerhalb von zehn Sekunden nach dem Gewinner. Der Rest war wegen des Sturzes später dort.

Aber vielleicht war es auch ganz gut so. Ich war immerhin nicht gestürzt und hatte das Ziel erreicht. Wäre ich unter die ersten sechs gekommen, hätte das meinen Aufstieg in die C-Klasse zur Folge gehabt: also noch längere Rennen, noch härtere Konkurrenz, und die Meisterschaft hätte ich mir ohnehin abschminken können.

Eigentlich hatte ich mich auch für ein weiteres Zwei-Stunden-Rennen am Nachmittag angemeldet, aber ich wollte mein Glück an diesem Regentag wirklich nicht komplett ausreizen. Ich fuhr nach Hause und dachte daran, was ich an dem Tag alles hätte Tolles machen können, statt 30 Kilometer durch den Regen zu pedalieren. Aber da ich ja ein Radrennfahrer bin, fiel mir da wirklich nichts ein.

*Auch in Hitachi-Naka wurde für abwechslungsreiche Unterhaltung abseits der Rennstrecke gesorgt. Hier durch drei Talentos und eine aufblasbare Sportgetränk-Flasche namens »Pocari Sweat«.*

# Zurück in Gunma

Schön wäre es gewesen, wenn jedes Rennen des JCRC an einem anderen Ort stattgefunden hätte, von mir aus auch auf einer anderen Vulkaninsel. Aber Gott denkt, und der JCRC lenkt. Und so kam es, dass 2008 von insgesamt zwölf Rennen drei Rennen im Cycle Sports Center (CSC) in Gunma und zwei auf dem Kurs in Shuzenji stattfinden würden. Es ging also wieder Richtung Gunma.

Einen Tag vorher war ich mit Alain, Jerome und Jeromes Sohn nach Tsukuba gefahren, um dort auf dem Autorennkurs ein Acht-Stunden-Ausdauerrennen im Team zu absolvieren. Jerome war wie alle Franzosen, die ich in Japan kennengelernt hatte, im Wesentlichen verrückt und unorganisiert. Sein Hobby ist es, ultralange Strecken zu fahren; unter 200 Kilometern lohnt es sich für ihn überhaupt nicht, auf ein Rad zu steigen. Leider hapert es bei ihm an den einfachsten Dingen. So vergaß er, zu einer organisierten 400-Kilometer-Tour seine Radschuhe mitzubringen. Kurzerhand lieh er sich von einem japanischen Mitfahrer Schuhe aus, die drei Nummern zu klein waren, und fuhr die Tour trotzdem zu Ende. Aber Jerome ist eben auch der Typ, den man bei einer Tour-Pause im Conbini kotzend auf der Toilette hört und der dann doch die letzten 100 Kilometer zu Ende fährt.

Die Idee, am Tag vor einem wichtigen JCRC-Rennen zwei bis drei Stunden voll ausgepowert im Kreis zu fahren, ist schon bescheuert, aber zuerst sah es da sogar ganz gut aus. Alain übernahm den Start, pfuschte sich mit Willen und Ellenbogen nach vorne und fuhr dann die nächsten

Runden in der Spitzengruppe mit, bis ich ihn auf der Strecke ablöste. Danach ging es nur noch bergab, und wir endeten acht Stunden später an Position 50.

*Mit David und Jerome, hier auf der Noto-Halbinsel, unternahm ich lange Touren in Japan. Jerome hatte immer seine Wunderpflaumen dabei, deshalb war davon abzuraten, lange hinter ihm zu fahren.*

Nach dem Rennen fuhr ich gleich weiter in Richtung Gunma. Jerome hatte mir ständig seine getrockneten Pflaumen zugesteckt, er schwor darauf, dass diese die Leistung ins Unendliche steigern würden. Das mag sein, sie steigern allerdings auch die Darmaktivitäten ins Unermessliche. Das Auto konnte ich nur noch mit voll aufgedrehter Klimaanlage fahren, und im Hotel schlief ich bei offenem Fenster, um mich nicht selber im Schlaf versehentlich zu töten.

Am nächsten Morgen waren die Beine immer noch schwer, und ich machte mich auf die letzten Kilometer in Richtung CSC Gunma. Auch beim zweiten Mal konnte ich es noch nicht glauben, dass sich in dieser abgelegenen Ecke der Welt eine Radrennstrecke befinden sollte. Man verlässt die breiten Straßen und macht sich auf den Weg durch verlassene Kleinstädte und Dörfer, in denen die verbliebenen Einwohner nicht jünger sind als neunzig. Ab und an stehen Pachinko-Paläste am Straßenrand, die einzigen Orte, an denen sich Menschenmassen konzentrieren.

Wer Pachinko nicht kennt: Das ist im Prinzip wie Flipper, nur dass die Geräte kleiner sind, vertikal stehen und man das Spiel nicht mehr beeinflussen kann, wenn die Kugel erst einmal hochgeschossen wurde. Sie fällt dann in eins der vielen Löcher und je nachdem in welches, gibt es verschiedene Möglichkeiten:

- die Kugel verschwindet und wart nicht mehr gesehen,
- die Kugel verschwindet und man bekommt eine oder mehrere Kugeln aus dem Gerät,
- das Gerät fängt an zu blinken und macht laute Geräusche und irgendetwas passiert.

Japaner, meistens Männer, verbringen Stunden in Pachinko-Läden, meistens rauchend. Der Krach ist für Nicht-Pachinko-Aficionados komplett unerträglich, ebenso unverständlich ist, warum das Spaß machen soll oder entspannend ist. Aber genau das ist es für viele Japaner.

Die gewonnenen Kugeln werden in großen Plastikbehältern gesammelt und können gegen Geld eingetauscht werden. Aber nicht im Pachinko-Laden, denn Glücksspiel ist in Japan verboten. Stattdessen bekommt man Zigaretten, Lebensmittel oder andere Kleinigkeiten. Mit denen geht man dann aus dem Laden, drei Mal um Ecken und kommt zu einem kleinen Fenster in einer dunklen Seitengasse. Dort werden diese Dinge dann gegen Geld getauscht und vermutlich wieder zurück in den Pachinko-Laden gebracht.

Jeder weiß, dass das so läuft, aber trotzdem kann sich niemand dazu durchringen zu erlauben, gleich im Laden Geld einzutauschen. Japaner sind da stur und beharren auf Kultur und Tradition.

Nicht umsonst ergab sich der letzte kämpfende Soldat Japans aus dem Zweiten Weltkrieg, Onoda Hiro, nicht etwa 1945 wie alle anderen, sondern erst 1974 auf den Philippinen, und auch nur deswegen, weil ein japanischer Reporter seinen ehemaligen Vorgesetzten ausfindig gemacht hatte und der ihm den Befehl gab zu kapitulieren.

Veränderungen sind wirklich nicht so das Ding von Japanern. Und auch das Gunma CSC sah noch genauso verfallen aus, wie ich es in Erinnerung hatte.

Das Rennen sollte diesmal über sechs Runden von jeweils sechs Kilometern Distanz gehen. Mein Ziel war wie immer, nicht durch Überrundung disqualifiziert zu werden. Also musste ich fünf Runden mindestens in der gleichen Zeit fahren, in der die schnellen Fahrer sechs Runden zurücklegten. Mit anderen Worten: Ich durfte maximal 16 Prozent langsamer sein als das Hauptfeld. Wäre ich noch in der Form vom Beginn der Saison gewesen, wäre das unmöglich gewesen.

Auf der einen Seite war ich nun jedoch deutlich besser in Form, und ich hatte sogar wegen des höheren Ziels der Meisterschaft das Rauchen aufgehört. Auf der anderen Seite hatte ich schwere Beine vom Tag zuvor. Zudem hatte ich auch noch kräftig zugenommen, wie das immer der Fall ist, wenn ich mit dem Rauchen aufhöre. Ich habe das schon oft gemacht, daher weiß ich das.

Mein Leben als Radrennfahrer wäre so viel einfacher und schneller, wenn ich nicht so viel Zeit damit verbringen würde zu trainieren, sondern mich einfach darauf konzentrierte, 25 Kilogramm abzunehmen, was durchaus machbar wäre. Es ist mir einfach unmöglich, so viel zu trainieren, dass ich genug Muskelmasse habe, um mein Gewicht schnell nach vorne zu kapitulieren. Aber mit weniger Gewicht wäre das durchaus vorstellbar, nur ich krieg's einfach nicht hin. Stattdessen kaufe ich mir dann ein 500 Gramm leichteres Rennrad oder versuche, 200 Gramm durch die Montage leichter Carbon-Laufräder zu kompensieren. Mein Gefühl sagt mir allerdings auch, dass es den meisten Rennradfahrern ähnlich ergeht.

In Gunma traf ich Goro Akiyama von meinem Team NFCC. Es gibt einige wichtige Unterschiede zwischen Goro und mir, aber trotzdem verstehen wir uns prima: Er ist Japaner, er wiegt um die 50 Kilogramm, und er ist ein guter Radrennfahrer, der regelmäßig bei den JCRC-Rennen in der C-Klasse auf den vorderen Plätzen landet. Zusammen drehten wir eine geführte Trainingsrunde hinter einem Motorrad. In Gunma waren die Abwärtspassagen kein Problem, aber sobald es bergauf ging, konnte ich noch nicht einmal ansatzweise am Feld kleben bleiben, während Goro und seine Freunde quatschend und guter Laune hinter dem Motorrad hinterherfuhren.

Heiß und schwül war es – wie es eben in Japan im Sommer heiß und schwül ist. Zum Glück sollte das erst einmal das letzte Rennen vor der Sommerpause sein; im September würde es dann weitergehen auf dem Kurs in Shuzenji.

Wegen der großen Anzahl von Teilnehmern gab es diesmal zwei getrennte Gruppen in der D-Klasse und in der E-Klasse. Mehr als 40 Fahrer im Feld bei den extremen Verhältnissen in den Abfahrten wäre sehr gefährlich gewesen. Ich startete in der ersten Gruppe, D1, mit 31 Fahrern, drei Minuten später startete die Gruppe D2. Dann folgten im Abstand von weiteren drei Minuten die Klassen E1 und E2. Zudem war vorher ein Ausdauerrennen über fünf Stunden begonnen worden, das Hauptfeld und die vielen versprengten Fahrer fuhren auch noch irgendwo auf der Strecke rum.

Das Rennen selbst war wie ein Déjà-vu des ersten Rennens in Gunma: Nach dem Start wurden wir zunächst durch ein Motorrad neutralisiert und fuhren dann in die Abfahrt, wo ich mich etwa in der Mitte des Feldes von 31 Fahrern befand. Als es danach in den Anstieg ging, fiel ich Position um Position zurück, bis mich schließlich auch der letzte Fahrer überholt hatte.

Meine Rundenzeit von 11:01 Minuten war an sich ordentlich, aber die schnellen Jungs lagen eher zwischen 9:30 und 10:00 Minuten. In der zweiten Runde wurde ich dann vom D2-Feld eingeholt. Ich versuchte, Kontakt zu halten, aber am Anstieg fuhren mir auch die alle davon; trotz meiner Rundenzeit von 11:31 Minuten.

Die nächsten Runden schaffte ich in 11:20 und 11:38 Minuten, ich fuhr also sehr konstant, wurde dann aber von den Fahrern der Klassen E1 und E2 eingeholt. Ab und an überholte mich auch mal ein Fahrer aus dem Ausdauerrennen. Ein Fahrer aus dem D2-Feld hatte etwa mein Tempo, und wir fuhren in der Folge gemeinsam bis zum Ende. Nach fünf Runden und einer 11:45-Minuten-Rundenzeit war ich nun insgesamt 57:15 Minuten auf dem Kurs, vier Minuten schneller als beim letzten Rennen. Mit dieser Zeit hätte ich beim ersten Mal sogar den 34. Platz und nicht den 37. und letzten erreicht.

Nun konnte ich nicht mehr überholt werden, das Feld kam dann etwa zwei Minuten nach mir ins Ziel. Die letzte Runde nahm ich wieder leicht und rollte locker über die Ziellinie – natürlich auf dem 28. und letzten Platz. Drei Teilnehmer hatten schnell aufgegeben, und ich war also ganz zufrieden, zumal ich nun sehr weit oben in der Gesamtwertung stand und bis zum Saisonende nur noch wenige Fahrer auf mich aufschließen konnten.

In Ruhe schaute ich mir die anderen Rennen an, vor allem das von Goro in der C-Klasse. Wie immer fuhr er ganz hervorragend und belegte einen vierten Platz. Also verfolgte ich auch, wie Goro bei der Siegerehrung auf das Podium stieg.

Sobald er da wieder runterkam, schnappte ich mir seine Siegerurkunde und rannte damit durch die Gegend, damit jeder wusste, was für ein geiler Typ ich bin. Goro, der um vier Uhr morgens aufgestanden war und sich mit Zügen und Taxis durchgeschlagen hatte, reiste mit mir gemeinsam wieder Richtung Tokio. Im Wagen diskutierten wir die wichtigen Fragen, die uns alle auf der Zunge lagen. Zum Beispiel, warum die Straßen in Japan überwiegend keine Namen haben, aber quasi jeder Anstieg. Goro vermutete, dass es daran liegt, dass die Japaner Bergrennen lieben.

*Goro-San landete beim Rennen in Gunma in der C-Klasse auf dem vierten Platz und so auf dem Sechser-Podium.*

Ich erzählte ihm davon, wie ich am Wochenende vorher mit Juliane, David und david in den Bergen von Tokio unterwegs war.

Es waren gerade »Straßenverkehrssicherheitswochen«, das heißt überall hingen Poster und Fahnen, dass man vorsichtig fahren soll, um nicht zum Mörder ohne Absicht zu werden, und die Polizei zeigte mehr Präsenz im Verkehr. Freiwillige standen an den Zebrastreifen und brachten Kinder und alte Leute auf die andere Seite, egal ob sie wollten oder nicht.

Wir waren in einem kleinen Ort am Tamagawa-Fluss mit genau einer Kreuzung mit Ampel. Dort hatten sich unter einem Zelt die Polizei und viele Freiwillige versammelt, um zu essen und zu trinken, den Tag zu genießen und ab und zu jemanden über die Straße zu geleiten. Die Ampel zeigte Rot, und David, Juliane und ich, die wir schon länger in Japan waren, hielten an. david allerdings, der sich noch nicht so gut angepasst hatte wie wir, fuhr einfach über die rote Ampel. In dem Moment verstummte das eifrige Treiben im Zelt, und es lag der Schock der Stille über dem ganzen Ort. So etwas Unerhörtes war da nicht mehr passiert, seit eine Horde Mongolen 1234 durch den Ort getrabt war.

Goro hörte sich das alles nur geduldig an und bekam seine Vorurteile über Ausländer mal wieder brühwarm bestätigt. Auch wenn jemand gut Japanisch spricht, wird er doch immer noch als Ausländer wahrgenommen. Am Telefon mag man ab und an trotz merkwürdigem Akzent und unvorteilhaftem Satzbau durchkommen, beim persönlichen Gespräch nie.

Seit meiner Zeit in Japan habe ich da einen etwas anderen Blickwinkel auf das Thema Integration. Wir verlangen von Menschen, die nach Deutschland kommen, dass sie sich an unsere Gesetze, Kultur, Sprache und Eigenarten anpassen sollen, in abnehmender Reihenfolge.

Die Gesetze nicht befolgen, das geht gar nicht, eine andere Religion zu haben, ist okay (solange sie nicht Vollverschleierung für Frauen inkludiert), wer nach längerer Zeit hier nicht richtig die deutsche Sprache beherrscht, ist ein wenig doof, und Weißwurst oder Knipp muss man nicht unbedingt essen können – so etwa ist das gängige Bild erfolgreicher Integration.

Ich selbst fühlte mich in Japan gut integriert, aber natürlich fuhr ich ständig bei Rot über Ampeln oder machte anderen Mist, den Ausländer eben so machen und Japaner eben nicht. Und die japanische Kultur hatte ich auch schon einigermaßen angenommen, so fuhr ich zum Beispiel niemals in einer Verkehrssicherheitswoche über eine rote Ampel. Aber meine Kinder gingen auf die deutsche Schule in Yokohama, das entspricht in etwa einer Koranschule in Deutschland.

Ich hatte kaum japanische Freunde und machte auch viele andere Dinge nicht, die für Japaner selbstverständlich sind. Wie zum Beispiel ständig Geschenke mitzubringen, wenn man von Reisen zurückkommt, um dann bei der Übergabe Sachen zu murmeln wie »Ich habe etwas Langweiliges für Sie mitgebracht« oder »Tut mir leid, dass dieses Geschenk nun zu Ihrem Gepäck wird«.

Einmal brachte ich es sogar fertig, bei einer Hochzeit dem Brautpaar einen Umschlag mit Geld zu überreichen. Umschläge mit Geld werden bei Hochzeiten überreicht, das ist normal. In Umschlägen für Hochzeiten. Ich aber überreichte es im Umschlag für Beerdigungen.

Und mit meiner Frau hatte ich ständig Konflikte, weil wir eben in bestimmten Punkten einfach von Geburt an verschiedener Auffassung waren. Zwei gute Beispiele sind Fenster und Medikamente. Warum Häuser in Japan überhaupt Fenster haben, ist mir ein komplettes Rätsel, denn diese bleiben immer verschlossen. Die Klimaanlage läuft ja, ist das Standardargument. Fenster sind auch fast immer mit einem dicken Vorhang versehen, so dass die Nachbarn nicht reinschauen können. Im Sommer zog ich die Vorhänge zurück und machte die Fenster auf, so dass Licht und Luft in das Haus konnten. Meine Frau machte dann alles wieder dicht; übrigens auch noch heute in Bremen, wo Sonnenlicht nicht gerade die Regel ist. Ich glaube, ich habe noch nie einen Vorhang zugezogen oder ein Fenster geschlossen, und meine Frau hat noch nie einen Vorhang oder ein Fenster geöffnet.

Ähnlich verhält es sich mit Medikamenten. Deutsche sind überwiegend der Ansicht, dass Medikamente unnatürlich sind, nur in äußersten Notfällen genommen werden sollten und am besten komplett auf die Selbstheilungskräfte des Körpers vertraut werden kann. Japaner denken hingegen, dass Medikamente gut sind – je mehr, desto besser –, und bekommen dann entsprechend ihrer Erwartung bei einer Erkältung von ihrem Arzt jede Menge davon verschrieben. Die Diskussionen, dass ich keine nehmen will, meine Frau aber jede Menge nehmen möchte, sind längst vorbei, und die Standpunkte des anderen irgendwie akzeptiert. Aber was ist, wenn man gemeinsam Kinder hat? Bekommen die nun jede Menge, die Hälfte oder gar nichts?

Das mögen banale Beispiele sein, aber die Summe aller mehr oder minder banalen Beispiele definiert eine Kultur. Für die meisten Menschen und auch mich ist es unheimlich schwer, die eigene Kultur aufzugeben, auch wenn einige Sachen einfacher sind als andere. Ich finde es eben bescheuert, einen Fahrradschlauch im Garten zu vergraben. Und ich denke, aus diesem Blickwinkel müssen wir auch das Verhalten von anderen Menschen beurteilen, die in unserer Kultur leben. Da kann Integration eigentlich nur langfristig und generationenübergreifend gelingen.

Wie dem auch sei, ich war superfroh und extrem müde, als ich aus Gunma zurück endlich wieder zu Hause war und integrierte mich nahtlos in mein Bett.

*Zur Ehrenrettung der Präfektur Gunma: Auch so kann Gunma aussehen, morgens, wenn der Nebel sich lichtet.*

# Zurück nach Shuzenji

Bevor ich 1985 das erste Mal nach Japan flog, fragte ich eine Bekannte, die dort gelebt hatte, wie es dort im Sommer ist. Und sie antwortete: »Es ist irrsinnig heiß und schwül, und draußen hatte ich das Gefühl, als wenn ich durch Marmelade gehen würde.« Das trifft es sehr genau. In den Monaten Juli und August, also in den einzigen Monaten des Jahres in Bremen, die das Radfahren draußen erlauben, bleibt man in Japan eher zu Hause.

Zum Glück veranstaltet der JCRC im Sommer keine Rennen, und so ging es erst im September, als die Temperaturen nun wieder unterhalb von 30 Grad fielen und sämtliche Marmelade zerlaufen war, weiter mit der nächsten Rennveranstaltung, nämlich der siebten. Wieder einmal in Shuzenji.

Ich hatte eine angenehme Woche im Büro hinter mir. Meine Entlassung stand unmittelbar bevor, war aber noch nicht verkündet, und ich musste daher nicht mehr allzu viel tun.

Die erste Zeit im neuen Job finde ich die beste, weil ich keine Ahnung habe, was ich da genau mache und anrichte. Die letzte Zeit im Job ist auch gut – bis zu dem Zeitpunkt, wo bekanntgegeben wird, dass man das Unternehmen verlässt –, dann hört keiner mehr zu oder interessiert sich für einen. Leider ist der Zeitraum zwischen »erste Zeit« und »letzte Zeit« nicht so doll, und so habe ich immer versucht, diesen zu minimieren.

Eine gute Arbeit abzuliefern und vernünftige Ergebnisse zu bringen, finde ich persönlich sehr wichtig, egal ob das im Beruf oder auf dem Rad ist. Schließlich verbringe ich in bzw. auf beidem viel Zeit meines Lebens und daher darf diese sinnvoll und glücklich sein. Aber ab und an erlaube ich mir auch einfach mal etwas komplett Bescheuertes, weil es Spaß macht. Peter Sagan fährt einen Wheelie auf einer Bergetappe, ich foppe das Büro. Wenn dann die Kündigung ohnehin ausgesprochen ist und an sich nichts mehr passieren kann, dann traue ich mich auch Dinge, die ich sonst nicht machen würde.

Zu Beginn des Arbeitstages wurde im Büro immer Morgengymnastik gemacht. Es gibt eine Art »nationale Morgengymnastik«, die jedes Kind in Japan kennt. Zu einer langsamen Klavierbegleitung sagt eine männliche Stimme an, welche Übungen zu absolvieren sind, das Ganze dauert etwa vier Minuten. Die Musik läuft in Büros, Fabriken, Schulen oder Baustellen tagein, tagaus. Auch Besucher von öffentlichen Schwimmbädern müssen in Japan jede Stunde das Becken verlassen und diese Gymnastik machen;

*Morgengymnastik – ein essentieller, immer gleicher Bestandteil der japanischen Lebensroutine. Egal, ob vor der Arbeit oder vor dem Radrennen.*

aber ich glaube, das ist nur ein Vorwand, um unauffällig nachzuschauen, ob noch irgendwelche Leichen im Becken schwimmen, die man vorher übersehen hat, weil es mal wieder so irre voll war.

Jedenfalls hatten wir einen Kassettenrekorder (!) im Büro, und morgens drückte unser kaufmännischer Leiter auf den Wiedergabeknopf, und das Büro wurde über das PA-System mit Morgengymnastikklängen beschallt.

Mehr oder weniger enthusiastisch mussten dann alle Mitarbeiter an ihren Arbeitsplätzen mitmachen. Ich brauchte nicht mitmachen, denn ich war ja Ausländer. Eines Abends, ich war fast immer der Letzte im Büro, nahm ich das Tape aus dem Rekorder und ersetzte es durch ein anderes. Nun war da nicht mehr die Morgengymnastikmusik, sondern der Titel »UFO« eines japanischen Mädchenduos aus den Siebzigern namens Pink Lady zu hören. Pink Lady waren damals unglaublich populär und sexy, sagen wir mal so wie Baccara und »Yes Sir, I can boogie« in Deutschland. Ich weiß nicht genau, worum es in »UFO« geht, aber das ist eine Up-Tempo-Nummer mit einer ganz speziellen Choreografie; die beiden Mädels von Pink Lady tanzen eigenartig im Gleichtakt und imitieren irgendwie (japanische) Außerirdische, die auf der Erde gelandet sind. Es ist schon sehr seltsam, etwa so wie »Lady Bump« von Penny McLean.

Am nächsten Morgen war ich unglaublich gespannt, was wohl passieren würde, wenn statt der Gymnastikmusik »UFO« läuft. Würden alle schneller Gymnastik machen im Tempo von »UFO«? Oder würden alle »UFO« tanzen wie Pink Lady? Das Ergebnis war überraschend: Alle machten Gymnastik im gleichen Tempo wie immer, so als wenn die Musik immer noch dieselbe wäre. Jedenfalls machten sie das so lange, bis der kaufmännische Chef die Kassette anhielt, zurückspulte und wieder von vorne laufen ließ. Das machte er drei Mal, dann gab er sich geschlagen und verkündete über Mikrofon, dass aufgrund technischer Probleme die Morgengymnastik ausfallen würde.

Ich denke, dieses »Experiment« zeigt ganz gut auf, wie schwierig es ist für Japan oder Japaner, sich zu verändern, auch wenn die globale Musik nun anders spielt.

Ich hatte ja bereits den japanischen Soldaten Onoda erwähnt, der erst 1974 kapitulierte, also fast 29 Jahre nach dem für Japan vier Jahre dauernden Zweiten Weltkrieg. Natürlich könnte man jetzt sagen, dass Onoda aus einer komplett anderen Zeit stammt und dass heute alles ganz anders ist. Aber es gibt auch im modernen Japan einen vergleichbaren Fall: So stand ein japanischer Angestellter, der von einer großen japanischen Firma zu Unrecht entlassen wurde, vor dem Eingang dieser Firma, spielte auf seiner Gitarre und sang Protestlieder dazu. So weit nicht ungewöhnlich, nur musizierte er 24 Jahre lang bis in dieses Jahrhundert hinein. Alles andere war ihm egal.

Nicht egal war mir mein Ziel, japanischer Meister zu werden, und so machte ich mich eines Morgens mit dem Auto ganz, ganz früh und gut erholt von der nicht vorhandenen Arbeit auf den Weg nach Shuzenji. Morgens um vier waren die Straßen voll mit Autos – das Gesetz der hohen Zahlen –, und das Navigationssystem schlug einige verrückte Strecken vor, die im Wesentlichen auf der Idee basierten, dass die kürzeste Verbindung zwischen Europa und Asien die Seidenstraße und zwischen zwei Punkten eine langgezogene Steilkurve ist.

Shuzenji hatte nichts von seinem ursprünglichen Schrecken eingebüßt – die Hügel waren steil und hoch, die Rampen irrwitzig lang und die Konkurrenz erschreckend dünn und gewichtslos. Für Japaner spielt Gravitation, so mein Eindruck, nicht die gleiche Rolle wie für mich. Es war, als wenn eine Gruppe von Helium-Atomen gegen ein Eisenerzkristall beim Wettfliegen antreten würde.

Bei diesem Rennen wurden auf dem fünf Kilometer langen Rundkurs, diesmal gegen den Uhrzeigersinn, fünf Runden gefahren. Also musste ich hier vier Runden in kürzerer Zeit zurücklegen als die anderen fünf; anspruchsvoller war ich nicht. Ich denke, wer bis hierhin gelesen hat, der versteht meine Überlebensstrategie auch so recht gut ohne weitere Kommentare. Die schnellen Jungs fuhren auf diesem Kurs locker eine Durchschnittsgeschwindigkeit von 32 km/h, entsprechend einer Rundenzeit von etwa 9:30 Minuten. Ich musste also im Durchschnitt mindestens 26 km/h fahren, entsprechend einer Rundenzeit von 11:30, dann würde ich so gerade durchkommen. Das hatte ich mir alles schon vor dem Rennen überlegt. Ich trainierte gar nicht mehr so richtig Radfahren, sondern beschäftigte mich nur noch mit Rechnen.

Nie im Leben hätte ich eine Chance, auch nur annähernd dieses Rennen zu gewinnen. Es sei denn, alle anderen Fahrer würden gezwungen, mit ihren Beinen zu lenken und mit den Armen zu pedalieren. Und dann würde es auch noch helfen, wenn sie dabei Augenbinden tragen würden. Trotzdem wäre ich darauf angewiesen, dass eine Gruppe Bären aus dem Wald die Spitzengruppe attackieren und aufessen würde. Dann hätte ich vielleicht eine Chance gehabt.

*Die Gegend um Shuzenji war, wie auch viele andere Gegenden in Japan, wunderschön und fantastisch zum Radfahren. Wäre da nicht die Schwerkraft, die bei Japanern irgendwie anders wirkt.*

Ich war um sechs Uhr früh da, der Einlass begann aber erst um 6:30 Uhr, also trainierte ich auf dem Parkplatz bei bereits über 25 Grad, um warm zu werden. Der Parkplatz hatte eine sehr charmante Eigenschaft, er war im Wesentlichen horizontal.

Als sich die Türen des CSC öffneten, wollte ich einfach so reingehen. Wenn man an einem JCRC-Rennen teilnimmt, bekommt man eine Postkarte zugeschickt, die man bei der Ausgabe der Startnummern eigentlich zeigen muss. Diese hatte ich aber nicht dabei, weil mich ohnehin alle kannten; ich war der einzige Ausländer, der immer teilnahm.

Am Eingang wurde ich gefragt, ob ich meine Registrierung dabeihätte. Ich fand das eine doofe Frage, weil was macht man schon als Mann in den Vierzigern an einem Sonntagmorgen um 6:30 Uhr an einem Ort wie diesem, voll eingekleidet und mit dem Rennrad in der Hand, wenn man nicht Rennen fahren will? Vielleicht unbeobachtet die Kinderachterbahn ausprobieren?

Als guter, assimilierter Ausländer versuchte ich es auf die klassisch höfliche japanische Art.

»Sie treffen mich in völlig verzweifelter Zerknirschtheit ... ich muss doch tatsächlich und unglücklicherweise die Postkarte zu Hause vergessen haben ... welch grauenhaftes Vollversagen ... ist da wirklich nichts, was getan werden kann in diesem unglücklichen Fall?« Dazu das übliche Ansaugen großer Mengen Luft und Ziehen am Ohrläppchen, um dem unglaublichen Grad der Verzweiflung mehr Ausdruck zu verleihen.

»Es ist absolut nicht erlaubt, ohne Registrierung einzutreten!«, hallte es mir entgegen. Und kurz danach: »Ha ha ha, das war nur ein Witz, kommen Sie rein!«

Ich war komplett darauf reingefallen, weil diese Art von Humor in Japan eben nicht üblich ist. Solche Ereignisse wie dieses, nämlich dass Japaner auf dem Weg waren, die komplexe und subtile Art und Weise deutschen Humors zu erlernen, gab mir wieder Hoffnung, dass langfristig Japan eben doch auch internationaler und offener werden würde. Aber immer, wenn ich diese Hoffnung schöpfte, tauchte wenig später ein Onoda aus dem Busch auf und zerstörte sie mit seiner 29 Jahre alten, verrosteten Flinte.

Meine japanische Frau versteht auch nach 30 Jahren Ehe meine subtilen, ironischen Bemerkungen nicht. Ich meine, sie weiß schon, dass ich ab und an etwas mit sehr viel Sarkasmus sage, aber sie weiß nicht, wann das der Fall ist. So kann ich zum Beispiel als Beifahrer zu ihr an der Ampel sagen: »Fahr los, es ist grün. Ach so, für dich blau.« Und zwar deswegen, weil die Japaner sagen: »Die Ampel wird blau«, auch wenn die tatsächliche Farbe wie bei uns grün ist. Ja, ich weiß, ich kann das auch nicht erklären. Aber wenn ich zum Beispiel meine Frau zu Hause bitte, mir Salz zu geben, und ich das mit dem einzigen Gedanken tue, um eben Salz zu bekommen, dann lächelt sie mich müde an und meint: »Ha ha. Verarschen kann ich mich selbst.« So als wenn sie meine Ironie verstanden hätte, die nun gar nicht da war.

Ich fuhr dann doch sogar zwei Trainingsrunden auf dem Kurs, einfach weil ich morgens um 6:30 Uhr nichts Besseres zu tun hatte. Nach dem Start ging es zunächst leicht berghoch und dann etwas steiler berghoch, aber von dort an erst einmal in eine lange Abfahrt mit einigen schnellen und technischen Kurven, in denen man locker schneller als 60 km/h fahren konnte. Oder sogar noch schneller, wenn man es schaffte, von der Straße zu fliegen, was für Weicheier wie mich immer eine reale Gefahr war. Danach begann der sehr, sehr lange Anstieg, bevor es noch einmal richtig abwärts ging mit 70 Sachen, und dann folgte ein supersteiler Anstieg auf die Zielgrade. Ich war noch nie länger als drei Runden in Shuzenji gefahren, und heute sollten es fünf werden.

Um halb acht ging ich zum Start und traf zufällig Goro, der in der C-Klasse zwei Minuten vor mir starten würde. Und ich traf Ishii-San, einen japanischen Fahrer vom Team »Space«, der mit mir in der D-Klasse fuhr. Er erzählte mir, dass er zwei Rennen vorher in Hitachi-Naka in den Sturz in der letzten Runde verwickelt war. Er hatte noch versucht zu entkommen, indem er zum Bunny-Hop über einen gestürzten Fahrer anhob, aber es nutzte nichts: Gabel gebrochen, Laufräder kaputt, Rahmen unbrauchbar. In der Zwischenzeit hatte er sich neu mit Material eingedeckt.

Die Pistole knallte, und das Rennen für die C-Klasse ging los. Danach schoben wir uns mit der D-Klasse an den Start, und zwei Minuten später traten wir in die Pedale. Es hatte den ganzen Morgen leicht geregnet, aber in dem Moment, wo wir losfuhren, hörte der Regen auf. Zwei Minuten nach uns begann dann die E-Klasse. Ich konnte nach dem Start dem Feld gut folgen und dachte: »Hey Michael, du bist ja echt super in Form!« Aber in der Kurve fiel mir auf, dass ja noch das Motorrad der Rennleitung vor uns fuhr und das Feld neutralisiert anführte. Als es dann in die Abfahrt ging, verschwand das Motorrad nach vorne, und das Rennen ging ernsthaft los. Ich konnte mich auf der Abfahrt gut im Feld halten und sogar ein paar Plätze gutmachen. Aus der Abfahrt raus hatte ich mit meiner größeren Körpermasse einfach mehr Schwung bergauf, aber sobald der Schwung weg war, fiel ich wieder Position um Position zurück, bis ich mich auf dem gewohnten letzten Platz befand. Kurz danach hörte ich auch schon das Geräusch des Motorrads, das das Feld nach hinten absicherte. Der Fahrer dachte bestimmt: »Ach, der Ausländer schon wieder.«

Aber immerhin schaffte ich es nach dem langen Anstieg über die Ziellinie, bevor mich das E-Klassen-Feld eingeholt hatte, das war schon einmal ein gutes Zeichen. Aber natürlich kam dann im Anstieg der zweiten Runde genau dieser Moment: Das komplette E-Klassen-Feld überholte mich, und ich fiel hinten raus.

Bei den Bergrennen in Shuzenji und Gunma fand ich die ersten beiden Runden die schlimmsten. Man hatte noch so viel vor sich, und der Körper fühlte noch den Schmerz, da wurden einfach noch nicht genug Endomorphine durch die Arterien gejagt. Ich ging dann erst einmal in den »Nur irgendwie Überleben«-Modus und versuchte, wenigstens schneller als 15 km/h in den Anstiegen zu fahren.

Das funktionierte gut, und tatsächlich überholte ich am nächsten Anstieg einige Fahrer der D-Klasse, die sich überanstrengt hatten und aus dem Feld vor mir herausgefallen waren. Das hatte zur Folge, dass ich zum ersten Mal in einem bergigen Rennen nicht mehr ein Motorrad unmittelbar hinter mir hörte. Und das motivierte. Ich fuhr jetzt Rundenzeiten von etwa elf Minuten, das war deutlich schneller als beim ersten Rennen in Shuzenji, und ich würde bei diesem Tempo nicht vom D-Feld eingeholt werden.

Bei der nächsten Abfahrt sah ich, dass sich im Feld vor mir ein Massensturz ereignet hatte. Ein Fahrer lag noch im Gras am Straßenrand und hielt sich den Kopf, der beim schnellen Vorbeifahren irgendwie schief dran aussah. Ich hatte keine Zeit zu helfen und machte mich auf zum nächsten Anstieg. Dort überholte ich einen weiteren Fahrer aus dem D-Feld vom Team »Nalshima«. Das ist der angesehenste Rennradladen in Tokio mit einem sehr großen Team und vielen Fahrern, aber dieser hier hatte ein wenig die Motivation verloren. Im Vorbeifahren rief ich ihm zu: »*Gambatte!*« Das ist der typische japanische Sportlergruß und bedeutet etwa so viel wie »Durchhalten!«. Dabei lächelte ich, als wenn mich der Anstieg nicht die letzte Kraft kosten würde.

Ich machte das nicht aus Nächstenliebe, ich wollte einfach nicht, dass er aufgibt oder überrundet wird und ich wieder auf dem letzten Platz lande. Kurz danach überholte mich das Feld der C-Klasse – das machte mir nun schon Sorgen, denn gleich zwei Minuten dahinter war mein Feld gestartet. Ich hängte mich an das C-Feld ran und versuchte, auf den letzten Metern des Anstieges alles zu geben. Ich blieb im Feld in der schnellen Abfahrt und sprintete hoch auf die Zielgerade. Ich war so gut drauf, dass ich sogar einige C-Fahrer überholte, die nicht verstanden, warum ich mir so viel Mühe gab, wo doch noch eine Runde zu fahren war. Geschafft, nun konnte ich nicht mehr überrundet werden und machte mich gemütlich daran, die letzte Runde zu Ende zu fahren. Am Ende war ich dann sogar frisch und sprintete über die Ziellinie.

Kein Motorrad direkt hinter mir – ich war also nicht auf dem letzten Platz gelandet. Ich freute mich schon auf die Unterhaltung mit meinem Sohn am Abend, die etwas anders verlaufen würde als sonst:

»Ich war heute in Shuzenji beim Rennen.«

»Wievielter bist du geworden?«

»Siebenundvierzigster.«

»Ist das der letzte Platz gewesen?«

»Nein, wieso?«

Also, ich wurde 47. von 48 Fahrern, die ins Ziel kamen, mit einer Durchschnittsgeschwindigkeit von 26,2 km/h, das waren fast 3 km/h schneller als im ersten Rennen über nur drei Runden. Und drei Fahrer aus meinem Feld wurden überrundet und aus dem Rennen genommen. Das ständige Rennenfahren zahlte sich also aus – nicht, dass ich Gefahr lief, ein Rennen zu gewinnen, aber über die Monate war ich schon ein wenig schneller geworden. Ishii-San kam als 40. ins Ziel, immerhin noch vier Minuten vor mir. Goro war im Rennen der C-Klasse Dritter geworden und stand mal wieder auf dem Podium. Das freute mich für ihn.

Aber: Obwohl ich in bislang acht Rennen drei Mal Letzter und zwei Mal Vorletzter geworden war – und auch nur deswegen, weil ich Stephen überredet hatte, mit auf die Vulkaninsel zu kommen –, führte ich nun die Jahreswertung in der D-Klasse an. Überall auf der Welt hätte man sich über meine Leistung totgelacht, aber aufgrund der besonderen Punktewertung in Japan war ich nun ganz heißer Scheiß. Nur noch vier Rennen. Vier Rennen.

*Je näher ich meinem Ziel kam, umso nervöser wurde ich. Jetzt durfte bloß nichts Dummes mehr passieren, was mich abhalten könnte, an den letzten vier Rennen teilzunehmen.*

# Schräge Horizonte

Anfang Oktober, als die Temperaturen wieder erträglich waren, veranstaltete der JCRC das nächste Rennen in dem kleinen Ort Shiobara. Das »Onsen« Shiobara liegt etwa 200 Kilometer nördlich von Tokio in der Präfektur Tochigi und, wenig überraschend, mitten in den Bergen. Und was macht der JCRC dort? Nein, kein Bergrennen. Zwei Bergrennen.

Bevor ich mich über das Rennen auslasse, einige Worte zum Thema Onsen. Das ist ein japanisches Wort und heißt wörtlich übersetzt etwa »Heiße Quellen«. Im täglichen Sprachgebrauch entspricht es am ehesten einem Thermalbad, das heißt man geht dort hin, legt sich in das heiße Wasser und entspannt sich. Während das in Deutschland eher etwas ist, was alte und kranke Menschen in einer Stadt machen, die mit »Bad« beginnt, sind sich alle Japaner einig in ihrer Liebe für Onsen.

Japan an sich wurde bekanntermaßen auf einem großen, brodelnden Vulkan gebaut, und da man es damals nicht geschafft hat, alle Spalten und Ritzen abzudichten, spritzt quasi an jeder Ecke heißes Wasser aus dem Boden. In den Bergen gibt es viele schöne Onsen, die sich darauf spezialisiert haben, Besucher anzulocken und im heiligen Dreiklang zu vergnügen: Essen. Natur. Heiße Quellen.

Man sitzt draußen im heißen Wasser, um einen herum liegt Schnee, und einige rotärschige Affen wärmen sich im nächsten Becken. Oder man sitzt am Rande eines Flusses in alten, patinierten Holzbauten und bestaunt das rote und gelbe Laub der Momiji-Bäume auf der anderen Uferseite. Einmal war ich an einem Onsen am Meer, dort gab es natürliche Becken, in denen durch den Boden heißes Wasser reinblubberte. Es wurde dann immer heißer, bis endlich eine Welle vom Meer kam und kaltes Wasser in das Becken spülte. Das Gefühl »warm – wärmer – scheißheiß – kalt« war einfach großartig und extrem entspannend.

Von hundert Japanern lieben hundert Japaner den Gang in ein Onsen; es gibt in Deutschland nichts Vergleichbares, was uns so vereint und entspannt. Doch vielleicht: In den Siebzigern in Mönchengladbach wuschen echte Männer samstagnachmittags ihr Auto auf der Straße und hörten dazu im Radio die Fußballbundesliga. Das war ebenfalls sehr entspannend.

Es gibt viele wahnsinnig schöne Onsen, aber die Wahrheit ist eben auch, dass es viele nicht so schöne gibt. Langweilige Betonkästen, die die Straßen durch kleine Dörfer in den Bergen rechts und links säumen. Gestapelte Ferienwohnungen mit dem Ziel, möglichst viele Besucher unterzubringen und so effizient wie möglich zu vergnügen.

Irgendjemand entdeckt einen schönen Ort, und dann fahren immer mehr Leute dorthin. Die Menschen dort stellen sich darauf ein, und dadurch verliert der Ort viel von seiner ursprünglichen Schönheit. Die Besucher finden das doof, das Ganze ist nun Touristennepp, und los geht die Suche nach dem nächsten schönen, ursprünglichen Ort.

Wobei es einen wesentlichen Unterschied zwischen der Idee von Tourismus in Deutschland und in Japan gibt: Wir finden Tourismus per se erst einmal schlecht. Wenn wir irgendwo hinfahren, dann sind wir ja keine Touristen; aber alle anderen, die da eigentlich nicht hingehören. Deshalb fahren wir nicht an klassische Tourismusorte wie Mallorca – oder nur notgedrungen wegen Familie, Corona oder Geld – und sind stattdessen auf der Suche nach exotischen, unberührten Orten wie, sagen wir mal, Bergdörfern in Burma (erstaunlicherweise aber nicht Salzgitter). Sind wir zum Beispiel in Paris, dann gehen wir natürlich nicht zum Louvre, Eiffelturm oder Friedhof Père Lachaise, sondern entdecken die Vorstädte neu oder machen, was sonst gerade in und leicht absurd ist. Dann haben wir zu Hause etwas zu erzählen, was mit den Worten »kennt kein Mensch, total ursprünglich, keine Touristen da, etc.« unterstrichen wird. Und irgendwie ärgern wir uns, wenn andere da auch schon waren oder später dorthin reisen und davon erzählen.

Ich habe dieses Gefühl immer, wenn mir jemand erzählt, dass er Sa Calobra auf Mallorca mit dem Rad gefahren ist. Das ist so, als wenn mir jemand enthusiastisch einen Witz erzählt, den ich bereits vor fünf Jahren im Internet gesehen habe. Vermutlich steht er da auch schon zehn Jahre.

Japaner sind da ganz anders. Für sie ist es ein Muss, die bekannten Sehenswürdigkeiten eines Ortes zu besuchen und anschließend stolz zu Hause darüber zu berichten. Jeder Bericht vom Eiffelturm wird daheim oder im Büro dann mit viel »Eeehhh« kommentiert. Nur wenige Japaner kämen auf die Idee, nach Paris zu fahren, mit Drogenverkäufern in den Banlieues abzuhängen und dann zu Hause darüber zu berichten. Alle würden dann erst einmal fragen, warum man denn nicht im Louvre war, wenn man schon nach Paris reist. Ich denke, das hängt damit zusammen, dass Japaner nicht gerne überrascht werden und es am schönsten finden, wenn die eigenen Erwartungen genau erfüllt werden.

Einmal ging ich mit einem Freund eine Straße in dem Vergnügungsviertel Shibuya in Tokio lang und zeigte ihm ein kleines Restaurant, in dem ich vor ein paar Tagen wirklich gut gegessen hatte. »Das«, sagte ich, »ist ein richtig gutes Restaurant.« Er schaute mich entgeistert an und antwortete: »Ja, aber kein Mensch kennt es!«

Ich denke, das ist auch der Grund dafür, dass es in Japan teilweise unglaublich schlechte Onsen gibt, die vor vielen Jahren richtig schön waren, jetzt immer noch existieren, viele Besucher haben und nicht durch etwas Schöneres ersetzt werden.

Shiobara hat den Charme eines solchen Onsendorfes, ich nenne die mal »Zombieonsens«: Die sind eigentlich schon tot, aber irgendwie bewegen sie sich noch.

Die kleine Form des Onsens ist das »Sento«. Das sind kleine Badehäuser in der Stadt, in denen man sich erst in einem Vorraum wäscht und dann im Hauptraum in ein Becken mit heißem Wasser steigt. Der Zweck des Sento ist es eigentlich, Menschen mit einer kleinen Wohnung ohne Bad in

*Ein paar Kilometer außerhalb von Shiobara war die Welt dann wieder in Ordnung. Leider mussten wir diese Straße auch im Rennen hochfahren.*

den großen Städten wie Tokio oder Nagoya eine günstige Waschmöglichkeit zu geben, aber die Entspannung ist so großartig, dass man das gerne nutzt, auch wenn zu Hause ein Bad vorhanden ist.

In meiner Zeit als Stipendiat in Japan war ich oft mit meinen deutschen Freunden im Sento bei uns in der Nachbarschaft und habe dort die lustigsten Dinge erlebt. Natürlich wurden wir ab und an von anderen Besuchern neugierig angesehen, was ja nicht so ungewöhnlich ist, wenn da auf einmal fünf nackte, weiße Deutsche ins Becken steigen. Oder aus dem Becken steigen, dann allerdings unten rot und oben weiß – wie eine polnische Flagge.

Einer der anderen Stipendiaten, ebenfalls ein Michael, war wenig begabt, Japanisch zu lernen, auch sonst stand er nicht so auf das Land. Alles ging ihm auf die Nerven, und da er sich in einem Zustand ständiger Anspannung befand, lief so einiges schief. Ihm ging das Anstarren mal so auf die Nerven, dass er die anderen Besucher auf Japanisch anschreien wollte: »Warum starrt ihr so? Wir sind auch nur Menschen!« Leider war, wie gesagt, sein Japanisch nicht so gut, und stattdessen schrie er: »Warum starrt ihr so? Wir sind auch nur Möhren!«

Die Japaner starrten weiter, vermutlich weil sie herauszufinden versuchten, warum wir glaubten, Möhren zu sein.

Eine weitere wunderbare Geschichte von Michael ist, dass wir nach der Sprachschule oft in ein japanisches Suppenrestaurant in der Nähe gingen und dort ein Mittagsmenü bestellten. Diese hatten Nummern als Bezeichnung, so hieß zum Beispiel das Menü Nummer drei »Daisan«. Michael war zu diesem Zeitpunkt nicht klar, dass das einfach eine Nummer war, sondern glaubte allen Ernstes, dass »Nudelsuppe mit Rindfleisch« auf Japanisch »Daisan« heißen würde. Eines Tages ging er in ein anderes Restaurant, bestellte »Daisan« und bekam Reis mit Seetang. Worauf er sich bitterlich bei der Kellnerin beschwerte, das sei überhaupt kein »Daisan«, und ob sie ihn als Ausländer verarschen wollten?

Bei einer Party aß er einmal einen ganzen Teller voller kleiner Früchte auf, die er sehr lecker fand. Bevor man ihn darüber aufklärte, dass Weintrauben in Japan keine Kerne haben, aber eine sehr dicke Haut. So dass man diese auslutscht und auf einen Teller neben die Weintrauben spuckt.

Ein Onsen ist jedenfalls ein wunderbarer Ort, an dem man mit Menschen wie Michael entspannt wunderbare Dinge erleben kann.

Für das Rennen im Onsendorf Shiobara konnte ich jemand begeistern, mit mir zu kommen: Tom lebte schon seit Ewigkeiten in Japan, kam aber eigentlich aus Belgien. In der Tradition von Eddy Merckx, Tom Boonen und Wim Vansevenant ist er auch ein sehr guter Radfahrer. Da er wenig mehr wiegt als ein durchschnittlicher japanischer Rennradfahrer, für die Gravitation keine Rolle spielt, fährt Tom auch ziemlich schnell die Berge hoch. Mit anderen Worten, ich hatte niemanden, der hinter mir, dem Vorletzten, Letzter werden würde.

Tom und ich hatten uns seit Monaten mental auf das Bergrennen vorbereitet. Da körperliches Training für uns keinen Sinn hat, konzentrierten wir uns voll und ganz auf das mentale Training. Wir wussten, dass die Straßen in Shiobara alle sehr steil sind. Um uns bereits in Tokio daran zu gewöhnen, liefen wir nur noch mit dem Oberkörper leicht nach vorne oder seitlich gekippt durch die Gegend.

Tom und ich bei der mentalen Rennvorbereitung auf dem Weg nach Shiobara. Wir lebten auf einem steilen Anstieg.

Auf diese Art und Weise hofften wir, uns schneller an das ungewöhnliche Terrain akklimatisieren zu können. Auch die ganzen 200 Kilometer von Tokio im Auto saßen wir beide zusammen seitlich nach rechts gebeugt.

Als wir in Shiobara ankamen, wurde ich prompt von einer Biene gestochen. So etwas war mir nicht mehr passiert, seitdem ich acht Jahre alt war und in den Stoppelfeldern einen Drachen steigen ließ. Ich denke, das ist Karma, weil ich auch nicht mehr so einen Blödsinn gemacht hatte, seitdem ich acht Jahre alt war.

Die Rennen selber fanden an zwei Tagen statt. Am ersten Tag sollte es ein Bergeinzelzeitfahren geben über sieben Kilometer und 450 Meter Höhenunterschied. Die Strecke war wunderschön in den Bergen gelegen und der Ausblick in die Täler fantastisch. Leider ist es so, dass ich nicht viel von der Landschaft um mich herum sehe, wenn ich mich mit einem Puls von 170 plus nach oben quäle. Das Gehirn dreht dann ganz kleine Kreise. Zum Glück gab es auf diesen sieben Kilometern auch einige »flachere« Stücke, wo ich etwas Energie würde sammeln können, um dann auch die steileren Stücke schnell fahren zu können. Ich schätze einmal, dass die Steigungen in den Haarnadelkurven 15 Prozent oder mehr betrugen.

Am zweiten Tag sollte es dann ein zwölf Kilometer langes Rennen geben, das im Tal gestartet wurde. Die ersten Kilometer verliefen recht flach am Fluss entlang durch das Dorf, bevor es wieder in die Berge ging und dann noch einmal genau die gleichen sieben Kilometer wie beim Zeitfahren am Tag zuvor gefahren werden mussten. Am ersten Tag hatte ich noch keine Ahnung, wie schwierig das werden würde, am zweiten Tag würde ich es aber leider umso besser wissen.

Während wir das Dorf erkundeten, also in genau diesen 37 Sekunden, kam auch Goro aus Tokio mit seinem Auto an. Wir erzähltem ihm, dass wir ganz früh mit unseren Fahrrädern in Tokio losgefahren wären, aber Goro, der den Umgang mit Ausländern gewohnt war und sich in die komplexe Welt von Ironie und Sarkasmus eingelesen hatte, glaubte uns kein Wort.

Das Einzelzeitfahren wurde in der Reihenfolge der Leistungsklassen gestartet, also zunächst SS, dann SA, dann A, dann B usw. und zuletzt Frauen und Rentner. Goro hatte sich mittlerweile in die B-Klasse hochgearbeitet und sprach eigentlich nur noch mit Menschen aus SS, SA und A; ihm war es fast schon peinlich, mit uns gesehen zu werden. Vielleicht lag es aber auch daran, dass wir immer noch seitlich vorgebeugt neben ihm gingen.

Gemeinsam schwangen wir uns auf unsere Räder und fuhren zum Start. Allein das war schon mächtig anstrengend, und als wir dort ankamen, stellte ich fest, dass es unmöglich war, ohne Hilfe am Start in die Pedale einzuklicken und loszufahren. Dafür war es einfach zu steil. Jemand musste mich festhalten und mir einen Stoß geben, damit ich überhaupt loslegen konnte.

*Tom und ich am Start des ersten Rennens in Shiobara. Wie gesagt, wir hatten nicht trainiert, waren aber mental gut vorbereitet.*

Der JCRC dachte sich ja immer etwas Neues aus, und dieses Mal wurde die Reihenfolge in der D-Klasse nach Alter festgelegt, die Jüngeren zuerst, die Älteren zuletzt. Tom startete direkt hinter mir im Abstand von 15 Sekunden. Ich fuhr los, und Kette und Ritzel knirschten auf den ersten Metern gewaltig, damals fuhr man noch 10-fach 52/39 vorne und 11/28 hinten, Kompaktkurbeln waren noch nicht so verbreitet. Als ich mich nach circa 30 Sekunden umschaute, setzte Tom gerade von hinten zum Überholen an. Das war doof. Cool war aber, dass ich den Fahrer, der 15 Sekunden vor mir gestartet war, auch etwa zum gleichen Zeitpunkt überholte. Sollte ich tatsächlich dieses Mal nicht Letzter werden? Meine Hoffnungen bekamen dann einen Dämpfer, als mich drei weitere ältere Starter überholten; von da an ging ich in den Survival-Modus und versuchte nur noch, es irgendwie in das Ziel zu schaffen.

Auf den steileren Stücken hatte ich Probleme, aber nie das Gefühl, dass ich aufgeben müsste. Auf den flacheren Stücken fühlte ich mich prima. Ich wusste aus Erfahrung, dass ich über einen längeren Zeitraum etwa 15 Höhenmeter pro Minute oder 900 Meter in der Stunde klettern konnte, für dieses Rennen würde ich also etwa 30 Minuten brauchen. Im letzten Jahr lagen die Zeiten der Sieger bei knapp über 20 Minuten; das erschien mir dann auch leider realistisch. Und so schaute ich abwechselnd auf die Straße, raus in die Landschaft und auf meinen Ciclo-Hactronic-Radcomputer, das heißeste Stück Technik, was es damals an Radcomputern gab – jetzt war es nur noch ein halber Kilometer bis zum Ziel.

Tja, ich hätte nicht so oft auf den Tacho schauen sollen, denn genau in diesem Moment fuhr ich über eine von diesen stacheligen Kastanien, die plötzlich auf der Straße lagen. Sofort konnte ich das Geräusch entweichender Luft aus dem Hinterreifen hören. Es gab nur noch eins: noch einmal richtig beschleunigen, um so viele Meter wie möglich auf dem Rad zurückzulegen und dann den Rest die Beine in die Hand zu nehmen. In der nächsten Kurve rutschte mir das Hinterrad seitlich weg, und ich fand es besser, abzusteigen und zu laufen. Nach der nächsten Kurve konnte ich etwa hundert Meter vor mir das Ziel sehen, wo eine Menge Leute warteten. Die Strecke war nämlich komplett gesperrt, bis der letzte Fahrer ins Ziel fuhr, so dass dann alle Teilnehmer gemeinsam ins Tal fahren würden. Heißt, alle Fahrer der Klassen SS, SA, A bis E waren oben und sahen mich hochlaufen, was total peinlich war.

»Was ist los?«, hallte es von oben auf mich ein, und ich schrie: »Ich habe einen Platten!«, als es plötzlich vor mir noch lauter wurde und ich Anfeuerungsrufe hörte. Ich drehte mich um und sah, dass der D-Fahrer, den ich kurz nach dem Start überholt hatte, um die Kurve gekommen war. »Lauf, lauf!«, hörte ich nur noch und setzte mich in Bewegung. So gerade schaffte ich es noch, vor dem Fahrer ins Ziel zu kommen: Mission erfüllt, nicht Letzter, sondern nur Vorletzter geworden. Tom endete auf Platz 15, etwa in der Mitte des Feldes.

Oben am Ziel wäre es eigentlich an der Zeit gewesen, den Fahrradschlauch zu wechseln und dann an geeigneter Stelle, am besten zusammen mit der Kastanie, zu begraben und kurze Dankesworte zu sprechen. Da das Rennen aber nur sieben Kilometer lang war, hatte ich aus Gewichtsgründen gar keinen Ersatzschlauch mitgenommen. Also wartete ich, bis die Organisatoren alles eingepackt hatten, und fuhr dann mit ihnen im Transporter zurück ins Tal.

Tom und ich machten uns dann erst einmal auf den Weg zum Onsen, um entspannt in den zweiten Tag zu kommen. Obwohl wir nur sieben Kilometer intensiv Rad gefahren waren, fielen wir danach geschafft in unsere Betten und wachten erst am nächsten Morgen wieder auf.

*Nach dem Rennen konnten wir uns zunächst nicht daran gewöhnen, wieder im Flachen zu sein.*

Das zweite Rennen startete am Shiobara-Damm, ein paar Kilometer flussabwärts vom Ort Shiobara, und nach dem Frühstück setzten wir uns auf unsere Räder und fuhren dorthin. Es war früh am Morgen und auf den Straßen noch so absolut gar nichts los; Einheimische und Touristen lagen tief in ihren Futons eingekuschelt und träumten süße Träume von Onsen, Essen und Natur. Aber überall aus den Seitenstraßen tauchten rechts und links Rennradfahrer in voller Montur auf, die sich wie wir auf den Weg zum Start machten. An der nächsten Straße kamen zwei Fahrer von »Nalshima Friends«, dem größten und besten Team aus Tokio, dazu, und wir hängten uns an die dran und ließen uns zum Damm ziehen.

Das Rennen sollte an dem tiefsten Punkt der Strecke starten, von dort aus ging es zunächst vier Kilometer sanft ansteigend am Fluss entlang durch den Ort Shiobara, unterbrochen von ein paar kürzeren Abfahrten.

*Tom und ich am Start des zweiten Rennens in den Teamtrikots vom NFCC.*

Und dann wieder acht Kilometer den Berg hoch inklusive der sieben Kilometer der Strecke vom Vortag, insgesamt mehr als 650 Höhenmeter. Unser Plan war, dass Tom direkt nach dem Start vor mir fährt und sich komplett verausgabt, so dass sich eine kleinere Gruppe mit uns beiden absetzen kann. Das würde mir zu Beginn des Anstieges einen kleinen Zeitvorteil verschaffen, den ich dann im Anstieg aufbrauchen könnte.

Tom war sehr motiviert. So sehr, dass er direkt vom Start an wie ein Verrückter losfuhr und das Tempo unglaublich hochhielt, so dass ich wirklich Mühe hatte, ihm zu folgen. Wir konnten uns tatsächlich in einer kleinen Gruppe absetzen, aber nach einer Weile holte uns das Feld wieder ein. Das Tempo war irre hoch, als wir nun durch den Ort Shiobara fuhren, wo leider niemand Zeuge unserer heroischen Bemühungen wurde, da immer noch alle am Pennen waren. Auf den relativ flachen Stücken konnte ich auch gut mithalten, aber an den Steigungen fiel ich immer weiter zurück, bis ich bereits vor dem Beginn des finalen, langen Anstieges aus der Gruppe gefallen war.

Das war natürlich frustrierend auf der einen Seite, auf der anderen Seite hatten wir jede Menge Fahrer aus den früher gestarteten Feldern der C-Klasse und der Frauen überholt. Vielleicht war ich an diesem Tag ja doch gar nicht so schlecht unterwegs? Dachte ich zumindest, bis mich dann das E-Feld überholte, das eine Minute nach uns gestartet war. Mit anderen Worten: Es war so wie immer. Ich bog von der Hauptstraße rechts ab, schaltete auf das kleine Kettenblatt und machte mich auf den langen Anstieg zum Ziel.

Dabei versuchte ich, mich irgendwie an das E-Klassen-Feld zu hängen, aber das war einfach schneller als ich. Und so wollte ich wenigstens in mehr oder weniger konstantem Tempo hochfahren und das Ding unambitioniert zu Ende bringen; meine Punkte hatte ich ja ohnehin sicher.

Tatsächlich konnte ich noch ein paar E-Klassen-Fahrer, die aus dem Feld herausgefallen waren, überholen und zu einem Fahrer aus meinem D-Feld aufschließen. Ich fragte ihn, ob wir zusammenfahren sollten, und das taten wir dann auch bis etwa 500 Meter vor dem Ziel. Ich hatte meine Augen auf der Straße und scannte sie nach Kastanien ab, dann spurteten wir beide los, als hinter der letzten Kurve das Ziel in Sicht kam. Er war jünger, sah besser aus und war vor allem schneller. Was mich im Nachhinein mal wieder auf den vorletzten Platz brachte mit einer Zeit von 1:01:00 Stunden.

Tom war schon lange im Ziel, er hatte für die Strecke knapp unter 50 Minuten gebraucht. Das reichte aber auch nicht ansatzweise für den Sieg in der D-Klasse, dort lag die Siegerzeit bei knapp über 45 Minuten.

Zusätzlich zu der regulären Wertung gab es einen speziellen Bergpreis für alle Teilnehmer über die gesamten acht Kilometer und 520 Meter Anstieg, bei dem ich 204. von 229 männlichen Teilnehmern wurde in 37:36 Minuten. Mal zum Vergleich: Da trat ein dreizehnjähriges Mädchen an, das die gleiche Strecke fast so schnell wie Tom in unter 30 Minuten zurücklegte.

Oben am Ziel trafen wir auch Goro wieder. Er war von allen Teilnehmern der Neuntschnellste und hatte somit seinen Aufstieg in die A-Klasse geschafft. Wir waren dankbar, dass er überhaupt noch mit uns redete.

*Nach dem Rennen mussten wir alle wieder den Berg runterfahren. Goro-San zeigt, wie es geht.*

Wir fuhren den Berg runter, nahmen im Dorf noch schnell ein paar Trostpreise in Form von gigantischen Rettichen in Empfang und machten uns dann wieder auf den Heimweg in die große Stadt. Ich führte nach wie vor in der JCRC-Jahreswertung und hatte nur noch drei Rennen vor mir. Da konnte nicht mehr viel schiefgehen. Dachte ich.

*Bei den JCRC-Rennen gab es tolle Preise, wie zum Beispiel diese riesigen Rettiche in Shiobara.*

# Drei Mal ist Gunma Recht

Wenn man in Bremen zwei Mal richtig Mist gebaut hat, aber es noch ein drittes Mal versuchen will, dann wird oft ausgerufen: »Drei Mal ist Bremer Recht!« Warum das so ist und wo das herkommt – keiner weiß es genau. Warum der JCRC drei Rennen in Gunma austrägt und ich da schon wieder hinfahren musste, weiß auch keiner.

Aber zunächst einmal setzte ich meine Reihe spaßiger Experimente im Unternehmen fort. Ich hatte die Idee, eine E-Mail von unserem Regionalchef in Hongkong etwas abzuändern und an alle Manager bei uns zu schicken. Die ursprüngliche Mail enthielt irgendwelche Banalitäten, ich machte daraus einen scharfen Aufruf an alle, in dem es hieß, dass sofort ein Bild unseres Regionalchefs in allen Büroräumen des Unternehmens aufgehängt werden sollte, und zwar mindestens im Format 50 x 80 Zentimeter. Dazu hatte ich ein Porträtbild von ihm genommen und im Stil von Andy Warhols *Marilyn Monroe* mit bunten Farbflächen bearbeitet, es sah schon ziemlich bescheuert aus. Um das Fass zum Überlaufen zu bringen, schrieb ich noch dazu, dass es verpflichtend sei für alle Manager, die in einer Firmenwohnung lebten, das Porträt auch in ihrem Wohnzimmer aufzuhängen.

Die Reaktionen waren recht interessant; einige standen danach lange am Farbkopierer und versuchten, die Datei irgendwie auf 50 x 80 zu bekommen, andere hatten die Mail noch vor dem Lesen gelöscht oder spätestens danach. Ein ganz Gewitzter dachte sich, dass das nicht ernst gemeint sein könnte. Sie glaubten ernsthaft, das wäre ein lustiger Streich des Regionalchefs persönlich, und gratulierten ihm überschwänglich zu der unerwarteten Prise Humor. So kam dann auch raus, dass ich hinter dem Ganzen steckte. Aber interessanterweise hörte ich nie wieder was von dem Typen. Passieren konnte mir eh nichts mehr, das Härteste in der Firma hatte ich bereits hinter mir.

Das härteste Rennen der Saison allerdings noch nicht: Diesmal ging es über zwölf Runden des hügeligen Fünf-Kilometer-Kurses in der japanischen Diaspora. Damit ich mir dort die notwendigen Punkte für die Meisterschaft holen konnte, durfte ich mich nicht überrunden lassen, aber selbst in guter Form hatte ich auf dem Kurs eine Durchschnittsgeschwindigkeit von 31 km/h, während die Spitze lachend mit fast 36 km/h durch die Natur fuhr.

Meine einzige geringe Chance war, im Windschatten zu fahren und permanent angefeuert zu werden, aus diesem Grunde überzeugte ich Tom, mit dem ich bereits in Shiobara unterwegs war, und Ludwig, mich nach Gunma zu begleiten. Ludwig hatte ich ein Jahr vorher zum Radfahren gebracht. Wir hatten die gleichen Freunde, wohnten zu unterschiedlichen Zeiten in der gleichen Hütte in Tokio, waren im gleichen Stipendium, aber hatten uns nie getroffen. Bis wir es dann mal taten und kurz danach in derselben Firma arbeiteten. Leider hatten wir dann einige Reibereien und sahen uns eine Weile nicht, bis wir den Faden wieder aufnahmen und begannen, zusammen Rad zu fahren. Ich lieh Ludwig mein altes Rennrad, und wir fuhren einfach los. Am Anfang war er nicht gut, aber da er jünger, leichter und noch ehrgeiziger war als ich, machte er mich schon bald an jedem Berg mühelos kalt.

Wir harmonierten gut miteinander und unternahmen an den Wochenenden längere Touren in den Bergen nördlich von Tokio. Sowohl Ludwig als auch Tom waren deutlich schneller als ich. Tom sollte an dem Renntag mit mir zusammen in der D-Klasse starten, so dass ich in seinem Windschatten fahren konnte, und Ludwig sollte uns beide anfeuern und später in der X-Klasse in die Pedale treten.

Wir machten uns also an einem wunderschönen Oktobertag mit stahlblauem Himmel im Firmen-BMW auf den Weg. Oktober ist eigentlich

*Aufwändige Überdachung im Kontrast zu der Sitzbank. Dazu eine Bäuerin mit der japanischen Version eines Rollators. Das ist Gunma.*

Taifun-Zeit, aber dieses Wochenende war einfach perfekt. Ich hatte meine erste Erfahrung mit der fürchterlichen Wirkung eines Taifuns, als ich im Stipendium 1991 mit einem Kollegen aus der Baufirma, bei der ich Praktikant war, auf einen Kongress nach Osaka fuhr. Jetzt könnte man denken, dass unser Haus umgeweht wurde und wir von riesigen Wellen oder einem Erdrutsch verschluckt wurden, aber es war ganz anders.

Japan Railways legte am Tag unserer 500-Kilometer-Rückreise nach Tokio alle Schnellzüge still. Mit viel Mühe schafften wir es am gleichen Abend in überfüllten Regionalzügen 200 Kilometer bis nach Nagoya, aber da war dann um Mitternacht endgültig Schluss. Zum Glück und mit viel davon fanden wir ein Hotelzimmer, wo ich mit dem mir relativ unbekannten Kollegen eine Nacht in einem Doppelbett verbringen durfte. Eine kurze übrigens, denn um sechs Uhr waren wir bereits auf dem Weg zum Bahnhof, damit wir pünktlich um neun Uhr wieder zurück zum Arbeitsbeginn im

Büro in Tokio waren. Da gab es keine Gnade oder mildernde Umstände. Im Zug zurück klärte mich mein Kollege über die Etikette im japanischen Arbeitsalltag auf: niemals mit derselben Kleidung zwei Mal hintereinander ins Büro kommen, weil dies impliziert, dass man mit seiner Affäre eine Nacht außerhalb der eigenen Wohnung verbracht hat. Und unter keinen Umständen am nächsten Morgen nach einer durchzechten Nacht mit den Kollegen zu spät oder gar nicht ins Büro kommen. Das wäre, so seine Meinung, sozialer Selbstmord.

An jenem besagten perfekten Oktobermorgen jedenfalls fuhren wir nach Maebashi, um dort in einem Business-Hotel zu übernachten. Maebashi ist der letzte Zipfel der Zivilisation Tokios, einem riesigen Gebiet, in dem mehr als 30 Millionen Menschen leben. Überwiegend Japaner, falls das nicht klar war.

In Japan lebten 2020 etwa 126 Millionen Menschen, Tendenz sinkend. Etwa zwei bis drei Prozent davon sind Ausländer, wobei der Begriff Ausländer hier sehr weit gefasst ist: Zu den Ausländern gehören etwa die Nachfahren koreanischer und chinesischer Zwangsarbeiter, die im Zweiten Weltkrieg nach Japan verschleppt wurden und dann aufgrund der Bürgerkriege nicht mehr in ihre Heimat zurückkehren konnten. Mehr als 75 Jahre später haben viele dieser Menschen keinen japanischen Pass; die Gründe dafür sind vielschichtig und liegen nicht allein in der Politik Japans, aber am Ende leben fast eine Million Menschen ihr ganzes Leben in Japan, sprechen Japanisch und sehen aus wie Japaner, haben aber keinen entsprechenden Pass.

2009 wurde ich von der Stadt Itoigawa eingeladen, die gerade von der UNESCO als »Geologisches Weltkulturerbe« ausgezeichnet worden war. Japan liegt ja unglücklicherweise im Schnittpunkt von vier tektonischen Platten, die immer noch heftig zucken. Und Itoigawa liegt gerade dort, wo die Eurasische Platte auf die Nordamerikanische Platte an der nördlichen Küste Japans trifft. Ein paar andere Ausländer und ich sollten sich die Stadt und ihre touristischen Möglichkeiten ansehen und Ratschläge geben, wie man mehr ausländische Touristen anziehen könnte. Ich durfte dort hin, weil die japanische Frau eines ehemaligen Kollegen aus der Gegend kam.

Über das sinnlose Unterfangen an sich will ich nur kurz erzählen: Itoigawa war mal ganz schön, aber heute ist es das eben nicht mehr. In den Siebzigern und Achtzigern wurde alles Schöne in der Stadt plattgemacht und durch etwas Modernes ersetzt. Dann endete 1990 die *Bubble Era*, der japanische Wirtschaftsboom, das Geld wurde knapp und all das neue Moderne wurde in den nächsten 30 Jahren alt, hässlich und blieb stehen. Dazu muss man wissen, dass in Japan ja nicht für die Ewigkeit gebaut wird, da Naturgewalten wie Erdbeben, Taifune und Tsunamis eh alles schnell zerbröseln lassen. Kein Mensch käme da auf die Idee, sagen wir mal, Pyramiden zu bauen, denn die würden schon während der Bauzeit fünf Mal zerstört werden. Durchschnittlich steht ein Gebäude in Japan 30 Jahre, dann wird es durch etwas Neues ersetzt.

Jedenfalls gab es in Itoigawa wirklich nichts Schönes. Klar, man kann mit dem Boot zum Fischen rausfahren oder die wunderschöne Natur in den Bergen außerhalb von Itoigawa bewundern. Aber in der Stadt selber gab es nur diese eine Grabung, bei der eine Stelle freigelegt wurde, an der das geübte Geologenauge sehen kann, wie eine tektonische Platte auf der anderen liegt. Alle anderen Augen sehen da nur Stein und Staub. Wie sollte man damit Touristen nach Itoigawa locken, außer Gruppen von perversen Geologen, die nachts heimlich an der Grabung ejakulieren?

Wir waren eine Gruppe von 20 Ausländern, die genau diese Ideen haben sollten. Meine progressiven und originellen Vorschläge wie Radrennen, Radrennbahn, Sechstagerennen, Radrennen für Geologen (wenn's denn sein muss) fanden erwartungsgemäß wenig Gehör. Interessant war aber, dass alle anderen 19 Ausländer genau wie ich bereits mehr als zehn Jahre in Japan lebten. Da waren zwei Opas dabei, die ich für Japaner gehalten hatte, die aber beide als Kinder im Krieg von Korea nach Japan verschleppt wurden und seitdem in Kyoto, der japanischsten aller Städte überhaupt, lebten. Und auch nur Japanisch sprachen. Da würde ich jetzt die Bezeichnung »Ausländer« als wenig sinnvoll erachten.

Ich habe den Eindruck, dass der Anteil an Ausländern in Japan nur deswegen steigt, weil die japanische Gesamtbevölkerung kleiner wird und mehr alte Japaner als junge Ausländer sterben. Eine Immigration nach Japan gibt es so gut wie nicht. Einer der Hauptgründe für Immigration in Deutschland, nämlich politisches Asyl, wird in Japan selten gewährt. 2018 wurden etwas mehr als 10.000 Anträge auf Asyl gestellt, von denen 42 genehmigt wurden. Einbürgerungen gibt es mehr, aber auch nicht viele, was an der langen Prozedur und den hohen Anforderungen liegt, das durfte ich selber erfahren, als ich nach acht Jahren einen Antrag auf permanente Aufenthaltsgenehmigung stellte.

Für diese Genehmigung (*Eijutai*) musste ich eine Reihe von Dokumenten vorbereiten. Neben dem üblichen Kram wurde von mir verlangt, eine Begründung auf Japanisch zu schreiben, eine Skizze anzufertigen, wie ich von meinem Zuhause zur nächsten U-Bahnstation komme, mit Angabe markanter Gebäude und Geschäfte entlang des Weges, und außerdem sollte ich zwei Fotos beifügen, die meine Frau und mich in »typisch häuslichen Situationen« zeigen. Letzteres empfand ich als besondere Herausforderung an meine kreativen Fähigkeiten.

Wir machten ein Foto, wie ich im Wohnzimmer auf der Couch liege mit einer Flasche Bier in der Hand und dabei eine japanische Wirtschaftszeitung lese, die *Nikkei Shinbun*, während meine Frau mit dem Staubsauger um mich herum saugt. Damit wollte ich nachweisen, wie sehr ich mich zu Hause schon in die japanische Männerrolle eingefunden hatte. Japanische Männer machen nämlich daheim absolut nichts, erstens, weil sie nichts können, und zweitens, weil sie nichts dürfen.

Ein zweites Foto zeigte meine Frau und mich nebeneinander im Bett liegend und ein Buch lesend: Meine Frau *Stalingrad* von Anthony Beaver und ich *Darum spinnen Japaner* von Christoph Neumann. Das schien mir aber dann doch etwas zu gewagt, und so entschied ich mich noch für ein weiteres Foto am Yasukuni-Schrein in Tokio, wo die ganze Familie still den Kriegstoten des Zweiten Weltkrieges gedachte.

Es reichte für die Genehmigung; ein halbes Jahr später konnte ich sie mir abholen. Die Prozedur, eingebürgert zu werden, ist noch mal deutlich komplizierter und erfordert unter anderem die Annahme eines japanischen Namens. Kein Wunder also, dass das für viele nicht attraktiv ist. Etwa

20.000 bis 40.000 Menschen werden jedes Jahr Japaner, die weitaus meisten davon Chinesen und Koreaner.

Um den Faden wieder aufzunehmen: In Maebashi übernachteten wir also in einem miesen Hotel mit kleinen Betten und schlechtem Frühstück, und am nächsten Morgen fuhren wir die restlichen 60 Kilometer zum Gunma CSC.

Kurz nachdem wir dort angekommen waren, trudelte ein anderer Ausländer auf dem Parkplatz ein. Ich hatte seinen Namen bereits in der Ergebnisliste des JCRC gesehen und gegoogelt, es handelte sich um einen erfolgreichen Headhunter für Investmentbanker aus Tokio. Im Gegensatz zu uns mit unserem mickrigen BMW fuhr er mit einem Porsche-Sportwagen vor, auf dessen Dach zwei teure Räder fixiert waren. Da seine unglaublich gutaussehende japanische Freundin dabei war und ein Porsche ja fast keinen Kofferraum hat, waren auf dem Heck zwei schwarze Ledertaschen für den notwendigen Kram befestigt: Pumpe, Radkleidung, Ersatzteile und Riegel in der einen, vermutlich im Wesentlichen Kosmetika in der anderen.

Jetzt würde ich ja gerne schreiben, was für ein schlechter Rennradfahrer der Typ war, aber leider war das überhaupt nicht der Fall. Er landete weit vorne in der A-Klasse und stand somit in puncto Leistung, Aussehen, Erfolg, Reichtum, Frauen für alles, was ich verabscheue und mir gleichzeitig wünsche.

Zusammen mit Tom ging ich frustriert zum Start der D-Klasse. Das Rennen entwickelte sich schnell wie erwartet: In der Abfahrt konnte ich gut mithalten, aber sobald es in den ersten Anstieg ging, fiel ich wie in den beiden vorherigen Rennen aus dem Feld heraus. Tom blieb netterweise bei mir und feuerte mich an, während ich mir die Lunge aus dem Hals pedalierte. Ludwig tat ebenfalls sein Bestes am Streckenrand. Wenn ich mit Schwung aus den Abfahrten kam, war ich tatsächlich auch zunächst schneller am ersten Stück der Anstiege, was Tom dann glauben ließ, ich würde meine wahren Fähigkeiten zeigen, und ihn noch lauter schreien ließ. Aber es war halt nur träge Masse, die sich gemäß physikalischen Gesetzmäßigkeiten bewegte. Dazu gab's Probleme mit der Schaltung.

Während des Transportes hatte ich irgendwie das Schaltwerk verstellt oder beschädigt, und im Rennen sprang die Kette unkontrolliert von einem Ritzel zum nächsten.

An sich war es von Anfang an hoffnungslos, zwölf Runden auf diese Weise zu überleben, aber da wir schon mal da waren, taten wir alle unser Bestes: Ich fuhr Rad und verausgabte mich völlig, Tom fuhr Rad neben mir und verausgabte sich eher weniger, und Ludwig fuhr später.

Nach acht Runden war es so weit, wir wurden vom führenden Motorrad des Hauptfeldes überholt und aus dem Rennen gewunken. Acht Runden sind an sich keine schlechte Leistung, beim ersten Mal in Gunma hatte ich so gerade drei Runden überlebt, beim zweiten Mal sechs und jetzt schon acht. Aber es war halt immer noch viel zu schlecht, um vorne mitspielen zu können.

Immerhin, von den 71 gestarteten Fahrern schafften es nur 51 ins Ziel, der Rest wurde wie ich früher oder später aus dem Rennen genommen. Insgesamt war es aber dennoch ein voller Erfolg, weil auch mein schärfster Verfolger in der Meisterschaft überrundet wurde und somit keine Punkte bekam. Und der Drittbeste in der Jahreswertung landete sogar unter den ersten sechs im Rennen. Hm, dann bekam er doch jede Menge Punkte, richtig? Ja, das stimmt, aber dazu auch eine Beförderung in die C-Klasse und er war damit raus aus der D-Klassen-Jahreswertung. Tja, zu gut darf man eben beim JCRC auch nicht sein.

Ludwig fuhr ein erstes, starkes Rennen und wurde erst in der letzten Runde überrundet, sonst wäre er auch in die Wertung gekommen. In den verbleibenden Rennen des Jahres platzierte er sich weiterhin gut und konnte dann im Jahr darauf in der D-Klasse starten.

Wir fuhren nach Hause, und ich radelte am nächsten Tag zu meinem Radladen »Positivo«, der dem wunderbaren Nagai-San gehörte, damit er mein Schaltwerk wieder in Ordnung brachte. Nagai-San hatte seinen kleinen Laden aufgemacht, nachdem er aus Europa zurückgekehrt war, wo er bis 2005 als Mechaniker im Profi-Team Fassa Bortolo gearbeitet hatte. Er hatte an den Rädern von Ivan Basso, Fabian Cancellara, Alessandro Petacchi oder Vincenzo Nibali geschraubt, und man sagte, wenn er eine

Shimano 105 einstellt, dann läuft die wie eine Ultegra. Sein Geschäft war bescheiden klein, hatte fast keinen Platz für Räder und war vollgestopft mit Teilen.

Reparaturständer und Werkstatt waren vor der Verkaufstheke, so dass er keinen Ort hatte, an dem er konzentriert schrauben konnte. Trotzdem war Nagai-San immer voll da und beeindruckte mit Präzision und Schnelligkeit. Ihm war es egal, ob er für Nibali oder für mich schraubte, er versuchte immer, sein Bestes zu geben. Ich konnte mir keinen besseren Mechaniker wünschen.

Mit ein wenig Glück konnte man von seinem Geschäft aus sogar den Fuji sehen.

*Der Fuji, gesehen von den Fuji-Seen aus. In Japan ist es unglaublich wichtig, den Fuji zu sehen – immer ein Gesprächsthema.*

# Radfahren im Kombinat

Fragt man einen Japaner, was ihm zu der Stadt Yokkaichi einfällt, dann folgt aus seinem Mund in der Regel das Wort »Kombinat«. Es ist jetzt nicht so, dass viele Japaner Orte wie Eisenhüttenstadt besucht hätten und von der Größe und Schönheit sowjetisch inspirierter Schwerindustrie fasziniert sind, sondern es ist schlicht und simpel so, dass sich »Kombinat« als Wort in Japan in den Fünfzigerjahren für große petrochemische Industrieanlagen eingebürgert hat.

Yokkaichi brummt vor lauter Kombinaten. Was hierzulande Rotenburg ob der Tauber für Fachwerkhäuser darstellt, ist Yokkaichi für Kombinate. Vielleicht wollte der JCRC nach einer Vulkaninsel und einem Zombieonsen nun mit einem Industriegebiet das gesamte landschaftliche Spektrum Japans abrunden, vielleicht war es auch nur ein Beitrag innerjapanischer Entwicklungshilfe. Jedenfalls ging es beim vorletzten Rennen der Saison nicht einmal rund um die Mülltonne, sondern einmal rund um eine Erdölraffinerie.

Yokkaichi macht es dem zufälligen Besucher nicht einfach, es zu mögen. Ich kam am Samstag vor dem Rennen mit dem Zug aus Nagoya und blätterte gelangweilt in dem touristischen Pamphlet über die Stadt, das mir der JCRC mit meinen Startunterlagen zugeschickt hatte. Besonders dick war es nicht, es hatte den Umfang peruanischer Sportleranekdoten. Oben rechts prangte ein großes Bild von einer Ölraffinerie. Die zweite Attraktion der Stadt war der wiedererrichtete australische Pavillon der Weltausstellung von 1970 in Osaka. Na, dann vielleicht lieber die Raffinerie. Ich konnte mich also voll auf das Rennen konzentrieren und sollte nicht unnötig von der Schönheit der Gegend abgelenkt werden.

Da ich auch nicht mehr durch Arbeit abgelenkt wurde, hatte ich in der Zwischenzeit angefangen, an Universitäten zu unterrichten, um mein wirtschaftliches Halbwissen an naive Studenten weiterzugeben. Unter anderem war ich an der Temple University, dem japanischen Ableger der gleichnamigen amerikanischen Uni aus Philadelphia, tätig. Die Temple hatte ein Abkommen mit dem Institut Supérieur de Gestion aus Paris, und das schickte einmal im Jahr 60 Studenten aus ihrer Managementklasse jeweils für ein halbes Jahr nach Tokio, Shanghai und New York. Deren Eltern hatten fast alle ein Schloss, einen Weinberg, eine Firma, ein Restaurant oder was wohlhabende Franzosen sonst so besitzen, und der Anteil an arroganten Schnöseln unter den Sprösslingen war hoch. Aber es gab auch ein paar sehr nette Studis darunter.

Meine Lebenserfahrung hat mir gezeigt, dass Gruppen von Menschen eigentlich immer gleich aufgebaut sind, egal ob es sich um Studenten, Kunden, Mitarbeiter, Freunde, Verwandtschaft oder Kollegen handelt. Egal ob die Mitglieder nun jung oder alt, katholisch oder buddhistisch, Franzosen oder Finnen sind.

Die Kräh'sche Gruppenstrukturtheorie lautet wie folgt:

Etwa 10 bis 20 Prozent der Mitglieder einer Gruppe sind wirklich nett, und ich möchte liebend gerne mit denen auch privat befreundet sein. Weitere 50 bis 60 Prozent sind nett, unkompliziert, kooperativ, und es gibt mit denen keine Probleme. Dann kommen etwa 10 bis 20 Prozent an Menschen, die etwas schwieriger sind. Der Umgang mit ihnen macht wenig Spaß, aber wenn man sich anstrengt und nicht viel erwartet, dann geht es irgendwie. Und dann gibt es 10 Prozent Arschlöcher. Die sind leider immer in jeder Gruppe dabei und lassen sich nicht vermeiden.

Nehmen wir einmal an, man lädt seine zehn besten Freunde zu einer Party nach Hause ein. Also die Top Ten aus einer Gesamtgruppe von hundert Freunden und Bekannten. Und was passiert dann? Zwei davon streiten sich mit den anderen, und mindestens einer pinkelt besoffen in den Toaster oder schmeißt die Katze in den Pool. So als wenn Menschen zwanghaft in einer Gruppe die Rolle der Komplizierten und Arschlöcher übernehmen müssten.

Hombeline und Thomas, die beiden französischen Studenten, gehörten zu der Gruppe der Supernetten. Eines Tages fragten sie mich nach dem Unterricht, ob ich nicht eine Idee für eine schöne Fahrradtour am nächsten Wochenende hätte. Da fragten sie natürlich den Richtigen: Klar hatte ich das, 250 Kilometer in die Berge, raus aus Tokio entlang des Tamagawa-Flusses und dann über diverse Pässe wieder zurück in die große Stadt. Ich konnte das an einem Tag fahren, aber es musste dann ein guter Tag sein. Außerdem fragten sie mich noch etwas in ihrem leicht unverständlichen Englisch-Französisch, das ich nicht wirklich verstand, aber als höflicher Mensch antwortete ich: »Klar, kein Problem.«

Eine Woche später erzählten sie mir beim nächsten Unterricht von ihren Wochenendabenteuern und davon, wie super anstrengend diese gewesen waren. Sie zeigten mir einige Fotos, und in diesem Moment wurde mir klar, dass sie nicht auf Rennrädern, wie ich selbstverständlich angenommen hatte, sondern auf 100-Euro-Einkaufsrädern ohne Schaltung unterwegs gewesen waren. Damit waren sie unter anderem über den

*Ich konnte ja nicht ahnen, auf welchen Rädern Hombeline und Thomas in die Berge fahren würden. Und wie anstrengend das dann sein könnte. (© Hombeline Guyon)*

Matsuhime-Pass gefahren, wo ich schon mit dem Rennrad Schwierigkeiten hatte, hochzukommen. Übernachtet hatten sie in einem kleinen Dorf in den Bergen, Okutama, in dem sie spät abends ankamen. Wie sie eine Pension gefunden hatten ohne Japanisch-Kenntnisse?

»Oh, wir haben einfach an Türen geklopft und gefragt, ob wir dort übernachten könnten.«

»Und das hat funktioniert? Das kann ich mir in Japan so gar nicht vorstellen. Japaner lassen ja nicht einmal Freunde in ihre Wohnung.«

»Aber wir hatten Sie doch gefragt, ob das in Japan üblich ist, und Sie hatten doch gesagt, dass das kein Problem wäre.«

Wenn man keine Ahnung und keine Angst hat, dann geht fast alles. In dem gleichen Geiste hatte ich das Abenteuer japanische Meisterschaft angefangen. Nun war ich fast am Ziel. In Yokkaichi kam ich abends spät an, klopfte aber nicht an Türen, sondern hatte ein Hotel direkt am Bahnhof reserviert. Auf dem Weg dorthin musste ich eine größere Straße überqueren, auf der gerade eine Bosozoku-Gang ihre getunten Motorräder sinnlos und laut auf und ab fuhr.

Es gibt viele Dinge in Japan, die wir nicht kennen, oder kennen, aber nicht schätzen, bevor wir nach Japan reisen, die wir aber dann für immer lieben. Entspannung in den heißen Quellen von Onsen gehört dazu, genau wie Karaoke: Am Anfang will kein Besucher aus Deutschland freiwillig mitmachen, aber nach fünf Stunden muss man dem gleichen Besucher das Mikro aus der Hand reißen und ihn zwingen, nach Hause zu gehen. Aber auch banale Dinge wie japanische Süßigkeiten oder beheizte Klobrillen gehören dazu.

Es gibt jedoch ebenso viele Dinge in Japan, deren Reiz dem ausländischen Besucher für immer verborgen bleiben wird. Warum es Spaß machen könnte, in verrauchten Pachinko-Hallen Stahlkugeln in Löchern verschwinden zu sehen, gehört genauso dazu wie eben, warum es toll sein könnte, mit seinen Freunden auf frisierten Motorrädern immer wieder die gleiche Straße auf und ab zu fahren, bis die Polizei kommt und man aufgefordert wird, damit aufzuhören. Was dann auch in der Regel geschieht. Das ist die Essenz von Bosozoku, man braucht ein Motorrad, das dann mit

*Nach einiger Zeit in Japan entwickelt man ein anderes Verhältnis zur Natur und den Jahreszeiten. Anders als das anderer Bauingenieure. Die Cosmos-Blume zum Beispiel kündigt den kommenden Herbst an.*

einer neuen Auspuffanlage sehr laut gemacht wird, am besten kombiniert mit einer Dreiklanghupe. Dazu kommt auf jeden Fall eine sinnlose Frontverkleidung, ein Sitz mit einer langgezogenen Rücklehne, ferner noch ein paar Fähnchen, am besten die japanische Kriegsflagge. Und dann halt die Typen darauf.

Ein Bosozoku-Motorrad sieht aus wie ein nach einem AKW-Unfall mutiertes Bonanza-Rad. Bis in die Neunzigerjahre waren Bosozoku-Gangmitglieder eher jung und wurden dann in der Blüte ihrer Jahre von der japanischen Mafia, sprich der Yakuza, rekrutiert, um dort ihre kriminelle Karriere zu professionalisieren. Oder sie arbeiteten dann in einer Fischfabrik oder im Büro und führten ein ganz normales Leben; es gibt eben solche und solche. Die Zahl der aktiven Mitglieder ging in den folgenden Jahren stark zurück, und heute sieht man viele ältere Typen, die versuchen, ihr Alter durch mehr PS und mehr Frontverkleidung zu kompensieren.

Ich checkte in das Hotel New Yokkaichi ein, wobei mir schmerzlich bewusst wurde, dass sich das »New« auf irgendetwas beziehen musste, was ich übersehen hatte. Das Hotel war sicherlich einmal neu gewesen, etwa zu der Zeit, als die Bay City Rollers neu in den Charts waren; seitdem hatte man es nicht mehr für nötig erachtet, den Hotelnamen zu ändern. Oder sonst irgendetwas. Draußen fuhr die Bosozoku-Gang weiter ihre Runden, und ich fragte den Rezeptionisten, ob ich ein Zimmer auf der anderen Straßenseite haben könnte wegen des Lärms.

»Oh, machen Sie sich bitte keine Sorgen, Ihr Zimmer hat sowieso keine Fenster!«, lautete die etwas überraschende Antwort.

Oben angekommen stellte ich fest, dass mein Zimmer in der Mitte des Gebäudes war und bis auf die Tür tatsächlich über keinerlei Öffnungen verfügte: kein Fenster, kein Belüftungsschacht – nichts. Es war die touristische Yokkaichi-Version des Führerbunkers im vierten Stock. Ich war müde, es gab nichts zu sehen, nichts zu tun, nichts zu träumen, bis der Wecker um fünf Uhr morgens klingelte.

Im Zimmer war es noch dunkel, was jetzt nicht weiter überraschend war, da es ja keine Fenster gab. Ich packte mein Zeug und mein Rad und wollte mich auf den Weg in das circa 15 bis 20 Kilometer entfernte Yokkaichi-Sportsland machen. Draußen sah das Wetter nicht gut aus; ich wählte die falsche Straße aus der Stadt heraus und bis ich die richtige fand, begann es, Bindfäden zu regnen. Japaner haben für diesen Fall einen Regenschirm dabei. Sobald ein Wölkchen am Himmel auftaucht, wird mit dem Regenschirm aus dem Haus gegangen, das ist so natürlich in der DNA eines Japaners verankert, wie Schlüssel, Geld und Handy mitzunehmen. Die favorisierte Methode deutscher Männer ist anders, viele von uns würden nie so etwas Unnützes wie einen Regenschirm nur auf Verdacht mitnehmen. Es könnte ja auch nicht regnen. Wenn es dann doch anfängt, stark zu regnen, lösen wir das Problem, in dem wir versuchen, es zu ignorieren, auch wenn wir komplett durchnässen. Meine Frau ist daher ernsthaft der Überzeugung, dass es aus dem Grund mehr deutsche Männer mit Glatzen gibt als japanische, weil wir keinen Regenschirm haben und der saure Regen unsere Haare wegätzt.

Ich wusste den Weg nicht genau, verfuhr mich ein paar Mal und kam völlig durchnässt im Sportsland an, immer noch den Regen komplett ignorierend. Zum Glück hatte ich wenigstens noch Haare.

Da ich ja jetzt schon einmal da war, konnte ich auch gleich eine Proberunde auf der Stecke drehen. Der Kurs war neun Kilometer lang und musste zwei Mal gefahren werden; es bestand also keine Gefahr, überrundet zu werden, ich musste nur ankommen und konnte meine Punkte für die Meisterschaft mitnehmen. Aber natürlich hatte ich auch einen gewissen Ehrgeiz und hoffte ausnahmsweise einmal, ein gutes Ergebnis zu erzielen. Natürlich nicht zu gut – denn wäre ich unter den ersten sechs gelandet, hätte dies automatisch zum Aufstieg in die C-Klasse geführt und die Meisterschaft in der D-Klasse hätte ich vergessen können.

Der Kurs war nicht ganz einfach, aber auch bei weitem nicht so schwierig wie die Strecken von Gunma oder Shuzenji. Nach dem Start ging es zunächst leicht abwärts, und daran schloss sich ein langer Anstieg von etwa 80 Höhenmetern an, das waren etwa zwei Drittel der gesamten Höhenmeter auf dem Kurs. Ich musste also unbedingt schauen, dass ich diesen Anstieg im Feld mitfahren konnte. Danach kam eine sehr schöne und nicht so technische Abfahrt mit einem kleinen Hügel, den man aber mit Schwung schnell hochfahren konnte. Unten angekommen ein kurzer Anstieg, ein flaches Stück und 200 Meter vor dem Ziel eine technische Kurve, bevor es in einem steilen Anstieg auf das Ziel zuging. Hier warteten einige hässliche Metallgitter und Kanaldeckel auf der Straße, ich musste also aufpassen, nicht unglücklich zu stürzen.

Mittlerweile hatte ich keinen trockenen Fetzen mehr am Körper und wollte mich umziehen, damit ich nicht mit einem zusätzlichen Gewichtsnachteil von mehreren Kilogramm Wasser am Körper starten musste. Ich ging auf eine der öffentlichen Toiletten und erfreute mich daran, dass auch diese über eine beheizte Klobrille verfügte. Die Freude dauerte allerdings nicht lange an, denn irgendwann fiel mir auf, dass da überhaupt kein Stromkabel war und die Hitze keineswegs von einer Beheizung, sondern von den vielen Menschen kam, die vor mir auf der Toilette gesessen hatten.

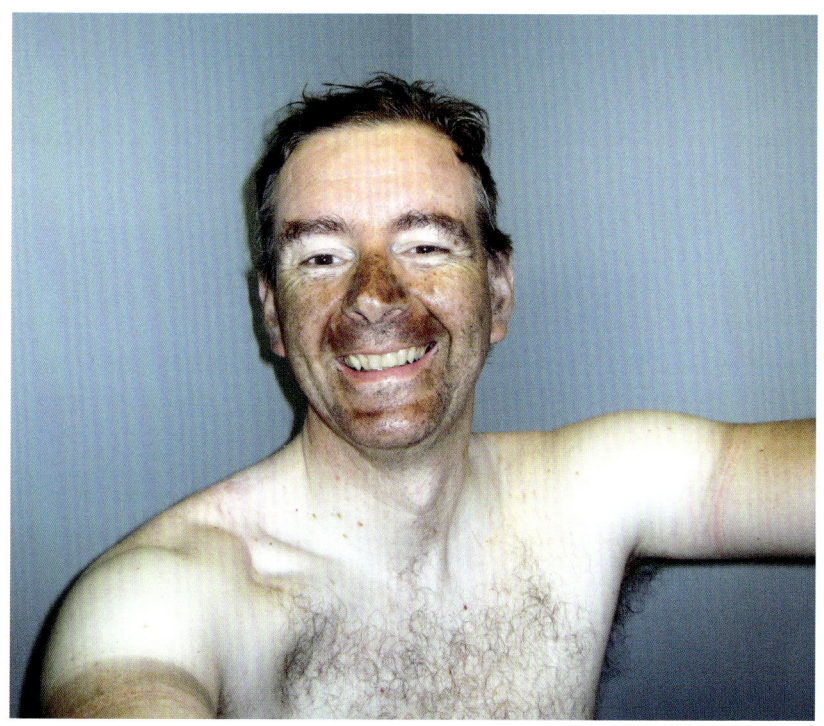

*Das Rennen in Yokkaichi war extrem nass und dreckig. Aber ich hatte die Meisterschaft fast sicher, und die Stimmung auf der Toilette war gut.*

Trocken und wieder kalt ging ich zum Start, wo ich einige bekannte Gesichter wiedersah. Es hatten sich bei diesen Bedingungen auch nur 22 Fahrer in der D-Klasse eingefunden. Jeder kannte mich, den einzigen Ausländer, und wenn ich jemanden ansprach, dann erzählten die anderen Sportler gerne, wo sie mich schon überall gesehen hatten, doch ich kannte so gut wie keinen; ich kann mir einfach Gesichter nicht gut merken. Aber immerhin, wenn man mal mit jemandem auf einer explodierenden Vulkaninsel war, dann schafft das eine gewisse innere Verbundenheit. Wir quatschten ein wenig über das miese Wetter, und dann ging es auch schon los. Action Time.

Wie gewöhnlich wurde das Rennen erst einmal am Start neutralisiert, und das Führungsmotorrad gab ein moderates Tempo vor; so ging es in den langen Anstieg. Zu meiner Überraschung konnte ich auch recht gut mithalten. Ich musste mich zwar unglaublich hart anstrengen und fiel Platz um Platz zurück, aber als wir am Ende des Anstieges waren, befand ich mich immer noch im Feld. In der langen, nicht technischen Abfahrt konnte ich mich dann wieder weiter vorne platzieren – Masse rollt eben gut. Am nächsten, kürzeren Anstieg fiel ich dann aus dem Feld heraus und war etwa 200 Meter hinter diesem, als es zum ersten Mal über den Zielstrich ging. Das Minimalziel war also schon erreicht, und Letzter war ich auch nicht.

So machte ich mich dann frohen Mutes zum zweiten Mal in den langen Anstieg, der dieses Mal viel härter war. Bei den JCRC-Rennen ist es so, dass alle Teilnehmer einer Klasse, in meinem Fall der D-Klasse, eine Plastikkappe der gleichen Farbe über den Helm ziehen, so dass man die Fahrer im Feld gut auseinanderhalten kann. Im Anstieg sah ich einen weiteren Fahrer mit blauer Kappe, also meiner Klasse, etwa hundert Meter vor mir. Das motivierte mich zusätzlich, und ich versuchte, zu ihm aufzuschließen. Das schaffte ich zwar nicht mehr vor dem Ende des Anstieges, aber in der Abfahrt kam ich näher und näher. Und als dann der kleine Hügel kam und ich mit viel Masse von hinten vorbeischoss, demoralisierte ihn das dermaßen, dass er weit hinter mir ins Ziel kam, wie ich später herausfand. Ich versuchte in der Folge, immer noch schnell zu fahren, aber auch, mich auf keinen Fall noch auf die Fresse zu legen. Damals fuhr man ja noch acht Bar und 23-Millimeter-Reifen, eine total gute Idee für ein Rennen im Regen. Nicht wirklich.

Erst am letzten Anstieg vor dem Ziel überholte mich der führende Fahrer der E-Klasse, die zwei Minuten nach uns gestartet waren. Da wusste ich, dass ich dieses Mal wirklich nicht schlecht war. Ich sprintete über die Ziellinie und wurde dann letztendlich 15. von 20 Fahrern, die ins Ziel kamen.

Das war zwar nicht meine beste Platzierung in diesem Jahr (das war der achte Platz auf Miyakejima), aber wenn man es von hinten sieht, nämlich wie viele der Fahrer sich hinter mir platziert hatten, war das vielleicht meine beste Leistung. Zur Erinnerung: Auf Miyakejima war ich achter von neun Fahrern, der Letzte war mein Freund Stephen, den ich zum Zweck, selbst nicht Letzter zu werden, eingeladen hatte.

Für diese Platzierung in Yokkaichi bekam ich sogar ein paar Extrapunkte vom JCRC. Meine Konkurrenten landeten auf den Plätzen sieben und neun in diesem Rennen, aber das war egal. Ich musste nur noch das letzte Rennen in Saiko zu Ende fahren und hätte es geschafft – ganz egal, wo die oder ich am Ende landeten.

Es klingt immer ein wenig bescheuert, aber nach diesen 18-Kilometer-Rennen war ich wirklich geschafft. Es sind ja nicht nur die 18 Kilometer: Es ist die Nacht im Bunker, das sinnfreie Radeln durch den Regen, die Landschaft in Yokkaichi; ich war jedenfalls heilfroh, als ich mittags wieder im Zug saß und Richtung Heimat Tokio fuhr. Draußen zog später die Präfektur Mie an mir vorbei, die eine recht hübsche ist; drinnen saß ich im Raucherabteil, und das war dann auch mein letzter Eindruck von der Stadt: Petrotechnik im Regen, gesehen durch verrauchte Fenster im Schnellzug.

*An schönen Tagen ist die Landschaft Japans einfach atemberaubend: Das Blau des Meeres und des Himmels, das Grün der Reisfelder, alles passt wunderbar zusammen.*

# Meisterschaft in Saiko

Was für Bilder gehen einem durch den Kopf, wenn man an Japan denkt? Mädchen mit großen Augen, blauen Haaren, Spitzenrock und großen Brüsten? Man ist 16 und schaut gerne Anime. Der Berg Fuji vor blauem Himmel? Man ist 46 und fährt mit dem Rennrad aus Tokio Richtung Westen.

Obwohl der Fuji mehr als hundert Kilometer Luftlinie von Tokio entfernt liegt, kann man ihn an schönen Tagen im Winter gut sehen, vorausgesetzt es stehen nicht allzu viele Häuser im Weg. In Tokio und um Tokio herum wohnen jedoch nun mal 30 Millionen Japaner, also stehen immer Häuser falsch und versperren die Sicht. Aber wenn man den Fuji von Tokio aus sieht, ist das doch immer noch eine Bemerkung wert: Man dreht den Kopf in grotesker Weise, um an der Dachkante vorbeizulugen, und sagt: »Schau mal, der Fuji, wie schön!« Dann wird das Handy rausgeholt, ein Foto geschossen und auf Instagram oder Facebook gepostet. Etwa zwölf Prozent aller privaten Fotos, die in Japan geschossen werden, sind vom Berg Fuji – wäre meine Einschätzung.

Am häufigsten aber wird Essen fotografiert. Zum Essen braucht der Japaner nicht Messer und Gabel, sondern nur zwei Stäbchen. Und ein Handy. Ich wüsste gerne, wie meine wenigen japanischen Freunde heute aussehen, aber wenn ich auf Facebook etc. nachschaue, dann sehe ich immer nur, was sie gerade gegessen haben. Wir posieren mit unseren neuen Rennrädern, aber selbst Goro, einer der besten Rennradfahrer, den ich kenne, zeigt auf Facebook oft Bilder von Nudelsuppen und Bierbüchsen statt von seiner neuen Di2-Schaltung. Völlig unverständlich. Oder halt den Fuji.

*Der Berg Fuji. Ein sehr beliebtes Motiv – wenn man ihn sehen kann. (© Tom Spillaert)*

Das letzte Rennen der Saison fand am Fuße des Fujis am See Saiko statt. Es war nicht nur das schönste Rennen der Saison, sondern auch das, auf das ich mich am meisten freute. Ich hatte bestimmt schon fünf, sechs Mal dort teilgenommen, und mir lag die größtenteils flache Strecke von zehn Kilometern rund um den See. Außerdem fuhr ich oft mit der Familie und vielen Freunden dort hin, so dass es neben dem Rennen auch viel Spaß und, nicht zu vergessen, gutes Essen gab.

Wenn ich, sagen wir mal, an einem regnerischen Herbsttag in Bremen aus dem Fenster schaue und an die Jahre in Japan denke, dann denke ich an den Fuji im Herbst, die blühenden Cosmos-Blumen und all den Spaß, den wir in Saiko hatten. Und natürlich auch an gutes Essen. Vielleicht ist bislang der Eindruck entstanden, ich würde Japan nicht mögen oder fände Japaner irgendwie doof, aber das ist keineswegs der Fall. Ich bin froh, dass ich einen großen Teil meines Lebens, mehr als 14 Jahre, in Japan verbringen durfte, und dankbar für die großartigen Freunde, die ich dort gefunden habe. Und das Rennen in Saiko ist für mich eine großartige Erinnerung an all dies.

Über die Autobahn geht es recht schnell zum Fuji und seinen fünf Seen. Diese liegen etwa 1.000 Meter über NN, und die Temperaturen sind dort daher am Morgen und Abend im Herbst deutlich kühler als in Tokio. Trotz der Tatsache, dass viele in- und ausländische Touristen dort das Wochenende verbringen, gibt es noch einige sehr schöne und ursprüngliche Orte, aber auch einige gruselige: Aokigahara, in der Nähe des Kawaguchi-Seeufers, ist ein dichtbewachsener Wald, in dem man sich leicht verirren kann. Er ist auch bekannt als der »Wald des Selbstmords«. In Japan, mit seiner hohen Selbstmordrate, werden hier jedes Jahr etwa hundert Menschen tot aufgefunden. Und ein paar Kilometer weiter nordwestlich liegt das Dorf Kamikuishiki, in dem sich in den Neunzigerjahren das Hauptquartier der Aum-Sekte befand. Tagsüber spazierten die Anhänger in weißen Umhängen durch die nahe liegenden Dörfer, und nachts produzierten sie in ihrem Schuppen Satyan 7 das Nervengift Sarin, das sie 1995 bei einem Anschlag auf die U-Bahn in Tokio einsetzten – 13 Menschen starben, Tausende wurden verletzt. Kurzum, es ist sehr schön da, aber unter einer dünnen Schicht der Schönheit verbirgt sich eine dickere Schicht des Unbekannten. Genau wie bei meiner Zahnärztin.

Apropos: Vor dem Rennen musste ich mal wieder zum Zahnarzt. Meine Zahnärztin hatte ihre Praxis in der Nähe meiner Bahnstation, und interessanterweise hatte ich sie noch nie gesehen. Also, natürlich war ich schon bei ihr in der Praxis gewesen, und sie hatte den einen oder anderen Zahn angebohrt, aber sie trug immer eine Maske – genau wie alle anderen Mitarbeiterinnen in der Praxis. Ich hatte nicht die geringste Ahnung, wie sie oder eine ihrer Helferinnen aussah. Durch das Gegenlicht der OP-Lampe wusste ich, dass sie sich die Haare rötlich gefärbt und leichten Spliss hatte. Aber daran hätte ich sie nie außerhalb der Praxis erkannt.

Jahre später hatte mein Zahnarzt in Bremen alle Hände voll zu tun, das zu machen, was sie in all den Jahren zuvor versäumt hatte, aber ich mochte sie trotzdem. Wobei mir die Inneneinrichtung der Praxis in Japan schon Warnsignale sendete, die ich besser ernst genommen hätte: So lag jahrelang in der Toilette ein nicht montierter Pappbecherspender auf dem Waschbecken, denn meine Zahnärztin schaffte es nicht, ein paar Löcher mal ausnahmsweise nicht in einen Zahn, sondern in eine Gipskartonwand zu bohren, um diesen aufzuhängen. Und aus dem Behandlungsstuhl schaute man auf vier quadratische Blumenbilder, die wiederum zu einem großen Quadrat angeordnet an der Wand hingen. Oder so hängen sollten, denn keins von denen hing lotrecht oder parallel zu einem der anderen Bilder. Als Ingenieur war das einfach furchtbar anzusehen, und ich überlegte ernsthaft, ob ich nicht mal mit einer Bohrmaschine dort auftauchen sollte, um die Dinge in die Hand zu nehmen.

Jedenfalls kam ich gerade aus der Bahnstation raus, als mir eine Frau auf der anderen Seite der Zahlschranke zuwinkte. Ich hatte sie noch nie gesehen und keine Ahnung, wer das war. Und plötzlich war ich mir sicher, dass das meine Zahnärztin war. Ich ging zu ihr hin, und wir unterhielten uns, wobei ich den Faden unseres Gespräches immer wieder geschickt auf das Thema Zähne und ihre fantastische Arbeit an diesen lenkte. Sie schaute dann zwar immer etwas komisch, aber ich dachte, das wäre eben ihre Bescheidenheit. Als wir uns verabschiedeten, sagte sie dann noch: »Und viele Grüße an deine Frau Kazuko.« »Klar, werde ich ausrichten«, antwortete ich und machte mich auf den Weg nach Hause. Nach ein paar Minuten stellte sich plötzlich im Kopf die Frage: »Wieso kennt meine Zahnärztin eigentlich meine Frau?« Kazuko war ganz woanders in Behandlung.

Ich dachte nicht mehr darüber nach, bis mir Kazuko eines Tages erzählte, dass sie ihre Freundin Himiko getroffen hatte. Himiko, wer war das denn? »Ah«, meinte Kazuko, »die hast du letztens am Bahnhof getroffen und dich mit ihr unterhalten. Sie meinte, du wärst ziemlich besessen von deinen Zähnen.«

Zum Glück gab es dieses Mal keine Probleme mit meinen Zähnen. Und wenn ich dann irgendwann einmal sterbe und über all die Dinge nachdenke, die ich in meinem Leben hätte tun sollen und nicht getan habe, dann werden in dem Film meines Lebens der Pappbecherspender und die vier Blumenbilder an mir vorbeiziehen.

Auch in diesem Jahr reisten wir wieder am Vortag mit dem BMW aus Tokio zum Rennen in Saiko an und übernachteten in einer kleinen Pension in der Nähe des Sees. Ich konnte einige Fahrer aus unserem kleinen Radclub, Positivo Espresso, mobilisieren, unter anderem Ludwig, David, Jerome und den legendären Leibwächter Jacques.

Im Laufe der Saison hatte sich mein Verhältnis zum NFCC abgekühlt, in dem Team passierte einfach zu wenig. Zusammen mit David kam ich auf die Idee, unser eigenes Team aufzubauen und dafür Trikots zu entwerfen. Wir wollten Nagai-San und sein kleines Geschäft Positivo unterstützen, tranken gerne Kaffee und fanden daher Positivo Espresso einen coolen Namen. Nagai-San war nicht ganz so begeistert wie wir, vor allem als wir ihm die Trikots zeigten: Auf dem Hinterteil war ein großer Marienkäfer abgebildet, der auf Japanisch *»Shingo Mushi«* oder Ampelinsekt heißt. Wir hatten darunter absichtlich *»Shingo Mushi«* in falschem Japanisch geschrieben, mit der Bedeutung »Ampel ignorieren«.

In den folgenden Jahren fuhren wir viel zusammen, aber ähnlich wie der NFCC wurden wir nie ein richtiges Team und waren spektakulär wenig erfolgreich.

Aber in Saiko hatten wir Spektakuläres vor: Meine Kinder würden in den Kinderrennen starten, und außerdem wollten Jerome, Ludwig, Jacques und ich früh am Morgen auch noch das Viererzeitfahren über zehn Kilometer mitnehmen. Vielleicht ist das eine nicht so gute Idee, wenn kurz danach das finale Rennen der JCRC-Saison ansteht, aber es war ja eigentlich ohnehin schon alles entschieden, und wie sagte schon Woody Allen: *»70 percent of success in life is just showing up.«*

Am Abend vorher gingen wir gemeinsam zu unserem Lieblingsrestaurant direkt am See. Dort gab es immer riesige Portionen leckere Nudeln mit Pilzen und dazu so ein Himbeergetränk, an das sich meine Tochter auch viele Jahre später noch erinnert. Das perfekte Carboloading vor dem Renntag.

*Das perfekte Carboloading vor dem Renntag. Fleisch in der Suppe musste allerdings mittels Lupe gefunden werden.*

Am nächsten Morgen war es wie erwartet kalt und nebelig – so ist das halt da in den Bergen Anfang November. Ich setzte mich auf mein Rennrad und fuhr einmal um den See. Der Start lag in einem kleinen Dorf auf dem höchsten Punkt der Strecke, dann ging es leicht abwärts, und die Straße schlängelte sich am See entlang, bis sie nach 3,5 Kilometern an eine Kreuzung kam, an der man links abbiegen musste, um weiter am Seeufer fahren zu können. Da die Kurve sehr eng war und danach kräftig beschleunigt wurde, war es wichtig, hier im Feld zu bleiben.

Einige Jahre vorher hatte ich mich für das Rennen in Saiko unter dem Pseudonym Ulrich Jahn angemeldet und den Schnellspanner des Hinterrades nicht fest genug angezogen. Das war ein extrem leichter Tune-Schnellspanner, der mit genau richtigem Drehmoment festgezogen werden muss. Nach der Kurve trat ich voll an, der Schnellspanner löste sich, das Hinterrad blockierte, und ich flog über den Lenker. Das war vermutlich das Karma von Jan Ullrich, das sich rächte.

Von besagter Kurve aus zog sich die Straße am anderen Seeufer etwa 4,5 Kilometer weiter lang, bis dann wieder links abgebogen wurde und ein kleiner Hügel übersprintet werden musste. Das war die kritischste Stelle im ganzen Rennen, denn hier wurde immer ordentlich Dampf gemacht. Wer nach der Abzweigung nicht schnell genug wieder Fahrt aufnahm und rabiat den Hügel anging, fiel hier aus dem Feld raus und würde bis zum Ziel nicht mehr aufschließen können, dafür war das Tempo zu hoch. Ich war die Strecke schon häufig gefahren und kannte sie wirklich gut.

*Unsere Saiko-Teamzeitfahrtruppe (v.l.n.r.): ich, David, Jerome und Jacques.*

*David zusammen mit Jacques vor dem Beginn des Teamzeitfahrens in Saiko.*

Das erste Rennen des Tages war das Teamzeitfahren mit David, Jerome und Jacques. Eine Runde um den See, zehn Kilometer; wenn's gut läuft, schafft man das in 15 Minuten. Wir waren ziemlich aufgeregt, und David überholte bereits am Start das Führungsfahrzeug, was die Rennleitung gar nicht lustig fand. Danach machte er dann richtig Druck, so dass ihm keiner von uns folgen konnte. Das war typisch David; auch bei 200-Kilometer-

Ausfahrten in die Berge startete er immer mit 500 Watt in den Beinen auf den ersten zehn Kilometern, bevor er sich langsam beruhigte und es in einem durchhaltbaren Tempo weiterging. David verschwand vor uns in der nächsten Kurve, und erst als er völlig ausgepowert am Rand fuhr, holten wir ihn wieder ein. Natürlich konnte er dann nicht mehr mit uns mithalten. Wir anderen drei fuhren uns gegenseitig kaputt, so dass wir mit sehr großen Zeitabständen ins Ziel kamen. Der dritte Fahrer wird gewertet, und so hatten wir kein besonders gutes Ergebnis. Aber keiner fand das schlimm. Wir hatten ja schon Teamfahren am Tamagawa-Fluss auf dem Weg raus aus Tokio geübt, und wir wussten, dass wir einfach grottenschlecht waren.

Kurz danach begann für mich das letzte Rennen der D-Klasse in dieser Saison. Meine Familie stand am Streckenrand und erwartete große Dinge von mir – ich wollte sie nicht enttäuschen. Es lief dann auch sehr gut. Ich blieb in der Mitte des Feldes, und am kritischen Hügel machte ich richtig Dampf, so dass ich weit vorne war. Ich setzte mich kurz vor dem Ende der ersten Runde an die Spitze des Feldes, weil der DJ dann meinen Namen ausrufen und ich als Erster an meiner Familie vorbeifahren würde. Das würden die sicher gut finden, auch wenn das eine Menge Körner kostete. In der zweiten Runde blieb ich in der Mitte des Feldes und arbeitete mich langsam nach vorne vor, bis wir wieder an den Hügel kamen. Das Tempo war nun deutlich schneller und das Feld viel nervöser. Ich hatte mir zwei gute Sprinter ausgeguckt, die zusammen fuhren, und wollte mich hinter die beiden setzen, um eine gute Position im Sprint zu haben. Etwa 500 Meter vor dem Ziel fuhren die beiden eine Kurve zu schnell an, so dass sie an den äußeren Rand gedrängt wurden und scharf bremsen mussten. Da ich direkt hinter ihnen fuhr, musste ich ebenfalls scharf bremsen, und so zog ein Großteil des Feldes an uns vorbei. Ich sprintete quasi aus dem Stand los und erreichte immerhin noch einen 14. Platz, aber da wäre sicherlich mehr drin gewesen.

Irgendwie schade. Aber irgendwie auch egal, denn jetzt war ich japanischer Meister. Mein Sohn wartete am Ziel und freute sich wahnsinnig für mich.

*Ich hatte es geschafft: Nach dem Rennen in Saiko bekam ich die Siegerurkunde für die Meisterschaft in der D-Klasse.*

Ludwig kam und hatte eine Flasche Champagner dabei. Ich hatte es tatsächlich geschafft. Was ich bislang nicht ausführlich erwähnt habe, ist, dass ich die ganze Saison über Angst gehabt hatte, dass irgendetwas schiefgehen würde: Ich hätte mich erkälten oder verletzen, vielleicht einen Verkehrsunfall auf dem Weg nach Gunma haben können, oder irgendeine der JCRC-Regeln hätte mir am Ende doch noch den Tag vermiest. Ich hätte ein mechanisches Problem auf der Strecke bekommen, stürzen oder mich sonst wie verletzten können. Wenn ich ein guter Fahrer gewesen wäre, dann hätte ich das in den anderen Rennen irgendwie wieder wettmachen können, aber ich musste wirklich an allen Rennen teilnehmen und alle zu Ende fahren. Hätte ich nur bei einem Rennen versagt, wäre alles umsonst gewesen, und ich hätte es im Jahr darauf noch einmal versuchen müssen. Und so war die Erleichterung, dass ich nächstes Jahr nicht noch einmal ranmusste, fast größer als die Freude über das Geschaffte.

*Ludwig machte es mir nach und holte ein Jahr später ebenfalls die Meisterschaft in der D-Klasse. Hier sind wir beide in unseren Siegertrikots vor der Geschirrrückgabe in einem Selbstbedienungsrestaurant zu sehen.*

Nicht nur die JCRC-Rennen waren nun für diese Saison vorbei, auch in unserem kleinen Club tat sich einiges. Marek reiste weiter nach Südostasien auf seinem Trip um die Welt, Juliane ging nach London, david ebenfalls, James, Ian und Stephen zog es weiter nach Hongkong und Singapur. Alain musste zurück nach Frankreich, aber zum Glück blieben Tom, David, Jerome und Ludwig noch in Japan. Ludwig wiederholte meine Meisterschaft von 2008 im Jahr darauf.

Und im nächsten Jahr fanden sich wieder neue Freunde, mit denen wir in die Berge fuhren.

*Unterwegs mit Freunden in Japan. Es fehlen: Japaner, wie immer.*

# Als Japaner in Bremen

Ein paar Wochen nach dem letzten Rennen in Saiko schickte mir der JCRC per Einschreiben das Siegertrikot 2008 zu, eine wilde Melange aus Streifen verschiedener Farben, die sich wild um meinen Astralkörper wickeln in dem verzweifelten Versuch, ihn visuell auszublenden. Zum Glück bin ich groß und breit genug, dass die Namen aller Rennen untereinander auf die Vorderseite passen. Der sehr japanische Touch an dem Trikot besteht darin, dass dort »2008 Road Serise Champion« draufsteht – so wie eigentlich immer fehlerhaftes oder sinnloses Englisch auf japanische T-Shirts gedruckt wird: »*Visit our rooftop Beerkeller*«.

Ich trug das Trikot ein paar Mal auf Ausfahrten, kam mir aber blöd damit vor. Ich achtete peinlich darauf, es niemals bei JCRC-Rennen zu tragen, damit die Erwartung an meine Leistungsfähigkeit nicht übermäßig groß wurde. Im Prinzip hängte ich das Ding in einen Schrank, wo es zusammen mit der Medaille, die ich ebenfalls noch bekommen hatte, verstaubte.

Ein paar Wochen nachdem ich nun Champion geworden war, war dann auch bei der Arbeit Schluss. Ich konnte mich nun ganz einem Leben auf dem Rad widmen, was aber irgendwie auch nicht so wahnsinnig erfüllend war. Also begann ich zusätzlich, an verschiedenen japanischen Hochschulen zu unterrichten, unter anderem an der ICU, der International Christian University. Erinnert sich jemand noch an den Anfang des Buches? Da fuhr ich 1990 nachts ab und an auf dem Rad zu meiner Fast-Freundin, die dort studierte, so schloss sich also wieder der Kreis. Ohne dass ich dies damals ahnte, ebnete mir dies den Weg in eine akademische Karriere. Irgendwann bewarb ich mich, eher spaßeshalber, auf eine Professur an einer neu gegründeten privaten Hochschule in Bremen. Ich rechnete nicht ernsthaft mit einer Antwort, zumal ich auch nicht promoviert war, was an sich eine Grundvoraussetzung für so eine Stelle ist. Aber mit den guten Referenzen aus Japan, einer lustigen Probevorlesung über den Fischmarkt in Tokio und mit viel Blabla bekam ich tatsächlich diesen Job. Das bedeutete dann auch den Umzug nach Bremen und das Ende einer langen Lebensperiode in Japan.

Natürlich machte mir das ein wenig Angst. Ich hatte eine Menge japanischer Eigenschaften angenommen, war darüber hinaus mit einer Japanerin verheiratet und hatte zwei halbjapanische Kinder. Und Bremen, lag das nicht in Norddeutschland, wo die Menschen, im Gegensatz zu uns Rheinländern, eher wenig reden und so gar keinen Humor haben? Und wo es japanische Sushi-Restaurants gibt, die von Vietnamesen betrieben werden? Und würden die Menschen mich dort als japanischen Meister, D-Klasse 2008, respektieren?

*Mein »Sayonara Ride«. Kurz danach war mein Leben in Japan zu Ende.*

In Japan machte ich zum Abschluss noch ein paar schöne Fahrten durch die Berge, weil ich bereits ahnte, dass es diese in Bremen und näherer Umgebung nicht geben würde. Ende April 2010 gab es einen offiziellen »Sayonara Ride«, zu dem ein Haufen Freunde kamen.

Dann packten wir unsere Koffer. Das heißt, eigentlich packten wir keine Koffer, sondern unseren ganzen Kram in einen 40-Fuß-Container, der sich dann auf den Weg nach Bremen machte. Mein Job war es nun, mit dem Flugzeug nach Bremen zu fliegen und eine Wohnung zu finden, bevor der fette Container mit dem Schiff im Hafen hier ankam.

Im Rückblick muss ich sagen, dass die erste Zeit in Bremen nicht einfach war. Keiner wollte mit mir sprechen. Oder mit irgendjemand anderem, so kam es mir jedenfalls vor. Ich ging zum Bäcker und sagte: »Ich hätte gerne ein Croissant«, und die Frau auf der anderen Seite der Theke sagte nur: »Aha.« Ich fuhr meine erste RTF (Radtourenfahrt) von 210 Kilometer Länge mit einem mir unbekannten Norddeutschen. Nach 150 Kilometern kamen wir an eine Verpflegungsstelle, und er fragte mich: »Willst du was essen?« Ich sagte ja und fuhr von der Straße ab auf den Parkplatz, stellte mein Rad ab und drehte mich nach ihm um. Aber da war niemand. Er wollte nämlich nichts essen und fuhr weiter, hielt es aber nicht unbedingt für nötig, dies auch zu sagen. Norddeutsche halt.

In Bremen regnet es viel, es gibt keine Berge und kein gutes Essen, das ich fotografieren müsste, aber ansonsten ist es schon ganz okay hier. Der Mangel an gutem Wetter bietet einem die Chance, zu Hause zu sitzen und ein Buch zu schreiben. Warum ich zwölf Jahre brauchte, um damit anzufangen, kann ich im Nachhinein auch nicht verstehen, würde ich aber einmal als Akklimatisierungsphase umschreiben.

In der Zeit habe ich viel gelesen und an die Menschen und Autoren gedacht, die mich beeinflusst haben und mir die Ideen gaben, an diesem Buch zu schreiben. Von Raymond Chandler konnte ich mir abschauen, wie man sich groteske Metaphern ausdenkt, Douglas Adams habe ich im Ganzen schamlos kopiert, und Dave Barry schrieb das Buch, das Japan auf den Punkt bringt: *Dave Barry does Japan*. François Truffaut schuf mit *Der Mann, der die Frauen liebte* den schönsten Film über das Schreiben von Büchern. Und mit Martin Kircher und Christian Bieniek hatte ich Freunde, die wirklich tolle Sachen geschrieben haben.

Ab und an sehne ich mich danach, wieder in Japan zu sein, vor allem wenn sich Bremen, wie leider so häufig, von seiner nassen oder kalten Seite zeigt. Aber es ist wie die Sehnsucht, wieder jung zu sein oder einmal im Leben ein Radrennen zu gewinnen: Es ist so unwichtig wie unmöglich.

Heute betreibe ich einen Radladen mit Café in einem neuen Stadtteil von Bremen, der Überseestadt. An den Wänden hängen die Startnummern, Fotos und Pokale aus der Zeit in Japan und ich bin dankbar dafür, dort gelebt haben zu dürfen. Diese Zeit hat es mir ermöglicht, jetzt da zu sein, wo ich bin. Dieses ferne, manchmal schöne, manchmal unverständliche Land und seine Menschen haben mich zu dem gemacht, was ich heute bin.

Wie schon einmal geschrieben: Alles an dieser Geschichte ist komplett wahr. Bis auf die Dinge, die ich mir komplett ausgedacht habe.

*Japan, wie ich es gerne hätte. Die ganze Wahrheit ist dann leider doch etwas komplexer.*

Mein Dank gilt den Freunden, mit denen ich beim Radfahren in Japan so viele unvergessliche Erlebnisse hatte: David, david, Juliane, Tom, Ludwig, Goro, Alain und viele andere. Und natürlich Jacques, wenn das überhaupt sein richtiger Name sein sollte. Ich habe keine Ahnung, was aus ihm geworden ist.

# Glossar

*Ein kleiner Japanisch-Sprachführer mit unerlässlichen Redewendungen für den Rennradfahrer-Alltag*

| 安全第一 | Anzen Daiichi | *Safety First.* |

| 青い | Aoi | *Blau.* Und die Farbe, in der eine grüne Ampel leuchtet. |

| アタック | Atakku | *Attacke!* |

| 後ニキロ | Ato ni kiro | *Nur noch zwei Kilometer.* Bis zum Ziel, du vom Rad fällst oder bis Gras am Straßenrand wächst. Fast immer gelogen. |

| 注意 | Chui | *Achtung!* Nicht zu verwechseln mit »Chui, baby!«, dem Album von U2. |

| コンビニ | Conbini | Japanisch für Convenience Store. Oftmals der Lebensretter auf längeren Touren durch die Nacht. |

| 大丈夫 | Daijobu | *Alles in Ordnung.* Häufig auch als Frage formuliert. Der Mitfahrer ist so gerade noch unter dem LKW sichtbar: »Daijobu?« |

| 第三 | Daisan | Nudelsuppe mit Rindfleisch. Zumindest wenn man Glück hat und es Gericht Nr. 3 auf der Speisekarte ist. |

| どけどけ！ | Doke Doke! | *Aus dem Weg!* |

| | | |
|---|---|---|
| どうも | Domo | *Sehr.* Also: sehr viel Dank oder sehr viel Entschuldigung oder sehr viel guten Tag. Immer gut, um ein Gespräch anzufangen. |
| ええ | Ehhh! | Der Ausdruck des klassischen Erstaunens. |
| えええええ | Ehhhhhhhhh! | Totales und völliges Erstaunen. Zum Beispiel, wenn berichtet wird, dass ein kaputter Schlauch nicht ordnungsgemäß vergraben wurde. |
| フィニッシュ | Finishu | *Ziel.* Also »Finish«. |
| 富士山 | Fujisan | Der Berg Fuji. Wie in: »Ich habe heute Morgen den Fuji gesehen, schau mal.« Mit Verweis auf ein Handyfoto. |
| 外人 | Gaijin | *Ausländer.* Macht aber einen Japaner im Ausland nicht zu demselben. |
| 頑張って | Ganbatte | *Halt durch.* Der unerlässliche Morgens-, Tages- und Abendgruß in der japanischen Sport- und Arbeitswelt. |
| 速い | Hayai | *Schnell.* Meistens verbunden mit Ehh! |
| 左 | Hidari | *Links.* Also die Straßenseite, auf der gefahren wird. |
| 自動販売機 | Jidohanbaiki | Getränkeautomat. Man kann Tokio von Norden nach Süden durchqueren, ohne den Sichtkontakt zu mindestens einem davon zu verlieren. |
| 競輪 | Keirin | Bahnrennen in Japan, bei denen gewettet werden darf. Wird »Kehrin« ausgesprochen, ähnlich wie »Gehscha«. |

| | | |
|---|---|---|
| 国道 | Kokudo | Eine Landesstraße. Meistens mehrspurig und voll, mit dem Rad besser zu vermeiden. |
| 前に行って | Mae ni itte | *Fahr mal nach vorne!* Mit einem unausgesprochenen »Du Arsch«. |
| ママチャリ | Mamachari | Frauenrad mit Korb vorne und Dreigangschaltung hinten. Kosten weniger als eine neue 12-Gang-Kassette. |
| また、ね | Mata, ne | *Bis bald.* Angeblich sagt man in Japan zum Abschied »Sayonara«. Aber alle sagen: »Mata, ne!« |
| 名刺 | Meishi | Visitenkarte. Das Gegenstück zur deutschen Autoquartettkarte. |
| 右 | Migi | *Rechts.* Also die Straßenseite, auf der der nicht gefahren wird. |
| 蒸し暑し | Mushiatsui | Heiß und schwül. Das Gefühl, im August draußen durch Marmelade zu gehen. |
| 美味しい | Oishi | *Lecker.* Aber nur für Frauen, Kinder und Ausländer. |
| お前 | Omae | Eigentlich: Der *Ehrenwerte* vor mir. Wird aber nur gebraucht, um mit dem Idioten vor einem einen Streit anzuzetteln. |
| パチンコ | Pachinko | Vertikalflipperpalast für Raucher. |
| ラジオ体操 | Rajio Taiso | *Morgengymnastik.* Ein Muss vor, zwischen und nach jeglicher körperlicher Bewegung. |

| | | |
|---|---|---|
| 輪行バグ | Rinko Bagu | Eine spezielle Tasche für die Mitnahme von Rädern in japanischen Zügen. Notfalls geht aber auch ein Gelber Sack. |
| ルッチャー | Rutcha | *Lutscher.* Also Deutsch auf Japanisch. |
| 坂 | Saka | *Steigung* bzw. *Anstieg*. |
| ゼッケン | Sekken | *Startnummer.* |
| シマノ | Shimano | So eine japanische Firma, die Fahrradkomponenten baut. |
| スタート | Staato | *Start*. Also da, wo das Rennen losgeht. |
| すみません | Sumimasen | *Entschuldigung*. Dafür, was ich getan habe, was ich gerade tue oder sage oder tun oder sagen werde. Oder einfach, weil ich bin. |
| つまらないものですが | Tsumaranai mono desu ga | *Entschuldigung, dass ich Ihnen etwas Langweiliges mitgebracht habe*. Die richtigen Worte bei der Übergabe von Geschenken. |
| 上手い | Umai | *Lecker*. Wenn »richtige« Männer etwas lecker finden. Frauen und Kinder hingegen sagen: »Oishi«. |
| ゆっくり | Yukkuri | *Langsam* oder *langsamer*. Die Bitte, doch ein etwas gnädigeres Tempo anzuschlagen. |

# Covadonga Verlag

Die Lust am schnellen Radfahren. Abenteuer auf zwei schmalen Reifen. Die Faszination und die Geschichte(n) großer Rennen, legendärer Anstiege und bildschöner Rennräder. Die wundersame Welt des Profiradsports. Die Geheimnisse bekannter Rennfahrer und das Geheimnis erfolgreichen Trainings. Das sind die Themen, auf die der Covadonga Verlag seit seiner Gründung im Jahr 2002 sein Augenmerk legt.

Zu den Autoren zählen u. a. Dino Buzzati, Thomas Dekker, Laurent Fignon, Paul Fournel, Renate Franz, Joe Friel, Phil Gaimon, Fabio Genovesi, Hannah Grant, Jan Heine, Paul Kimmage, Philipp Köster, Tim Krabbé, Albert Londres, Guillaume Martin, Benjo Maso, David Millar, Tim Moore, Harry Pearson, Hennes Roth, Geraint Thomas, Lidewey van Noord, Jonathan Vaughters, die Velominati, Peter Winnen und Gianluca Zaghi. Radfahrer von Welt- und Kreisklasse, die dem Radsport eine literarische Stimme verleihen. Ausnahmeerscheinungen im Peloton. Radprofis, die anecken. Preisgekrönte Schriftsteller mit einem Faible für Radsport und Rennräder. Legendäre Reporter und große Humoristen. Die originellsten Chronisten der Jedermann-Szene. Internationale Koryphäen in Fragen Training, Fahrradtechnik und -restaurierung...

Sie alle schreiben für Covadonga. Meist über den Radsport, manchmal auch über seine nahen Verwandten.

Detaillierte Informationen zu allen Büchern finden Sie unter:
*www.covadonga.de*